편집의 발명

지식 편집자를 위한 12가지 생각도구

국립중앙도서관 출판시도서목록(CIP)

편집의 발명 : 지식 편집자를 위한 12가지 생각도구 / 정상우 지음.
— 서울 : 한국방송통신대학교출판부, 2010
  p. ;   cm. — (아로리총서 ; 020. 소통과 글쓰기 ; 10)

참고문헌 수록
ISBN 978-89-20-00558-9 04080 : ₩5,900
ISBN 978-89-20-92820-8(세트)

편집(編輯)

011.4-KDC5
070.51-DDC21   CIP2010004164

편집의 발명
지식 편집자를 위한 12가지 생각도구

ⓒ 정상우, 2010

2010년 11월 25일 초판 1쇄 펴냄
2014년 1월 30일 초판 2쇄 펴냄

지은이 / 정상우
펴낸이 / 조남철

편집 / 장웅수
디자인 / 프리스타일
인쇄 / 전광인쇄정보(주)

펴낸곳 / (사)한국방송통신대학교출판문화원
        등록 1982년 6월 7일 제1-491호
        주소 서울특별시 종로구 이화장길 54 (110-500)
        전화 1644-1232
        팩스 (02) 741-4570
        홈페이지 http://press.knou.ac.kr

<지식의 날개>는 한국방송통신대학교출판문화원의 교양도서 브랜드입니다.

아로리총서 : 소통과 글쓰기-10

편집의 발명

지식 편집자를 위한 12가지 생각도구

정 상 우

쓰고 짓고 엮고 나누는 즐거움

이 책은 편집자를 위한 것이다. 출판 편집을 중심으로 지식 편집업에 종사하는 분들이 현업에서 부딪히게 되는 다양한 문제들을 함께 고민하기 위해 이 책은 쓰였다. 그래서 이 책은 '글쓰기' 자체보다 그것을 둘러싼 관계들과 그 속에서 필요한 힘의 조율에 관해 이야기한다. 그리고 그 힘을 다루기 위해 필요한 적절한 도구들에 대해서도 살펴볼 것이다.

데이비드 베일즈는 『예술가여 무엇이 두려운가』에서 "내일의 작품은 순전히 오늘 손에 쥐고 있는 도구에 의해 모양을 갖추게 된다"고 말했다. 지식 편집자가 하는 일에도 마땅한 도구들이 준비되어 있다. 하지만 똑같은 도구를 사용하더라도 그 운용에 따라 결과는 천차만별이다.

가령, 한 가닥의 실이 있다고 하자. 라오스의 오지마을에서는 환자를 치료하는 의식에 실을 사용한다. 환자를 중심으로 그의 이웃과 친지들이 둘러앉아 모두 한 가닥의 실로 묶인 채 그에게 염려와 사랑의 기운을 전한다. 반면, 대한민국의 병원에서는 개복 수술 후 환자의 배를 꿰매는 데 실을 사용한다. 똑같이 '묶는다'는 기능을 수행하고 있지만 이 실을 과연 같은 도구라고 볼 수 있을까? 따라서 이 책에서는 편집에 필요한 도구들의 기능적 용법보다 그것의 내적 원리에 주목할 것이다. 그러니 이 책을 읽은 뒤 한 권의 책에 어떤 시술을 할 것인지는 순전히 지식 편집자인 독자 여러분에게 달려 있다.

이 책은 저자를 위한 것이다. 이 책은 한국출판마케팅연구소에서 발행하는 『기획회의』에 2009년 251호부터 2010년 266호까지 연재되었던 칼럼 「편집의 발명」을 새롭게 엮은 것이다. 업계지의 특성상 주지의 것으로 전제하고 생략했거나 불친절하게 설명했던 부분들을 보완하며 다소 내용상의 가감이 있었다. 그 과정에서 전문 편집자뿐만 아니라 출판을 위해 자기 원고를 편집하고자 하는 모든 이들을 포괄하도록 독자 대상을 확대했다.

편집이란 글쓰기의 마지막 단계이다. 한 편의 글은 편집을 통해 비로소 독자들과 만난다. 글쓰기란 기본적으로 소통에 대한 열망으로부터 탄생하기 때문에 독자와의 접점에서 최선의 소통법을 고민하는 '편집'이야말로 어찌 보면 글쓰기의 화룡점정이라 할 만하다. 따라서 완성 원고를 가지고 출판사와 접촉하고 싶은 작가에게는 이 책이 출판사의 시각을 이해하는 데 도움을 줄 수 있으리라 기대한다. 하지만 독자와 어떻게 만날 것인지를 좀더 깊이 고민하는 작가라면 탈고 후가 아니라 집필 전에 이 책을 읽는 것이 훨씬 효용이 클 것이다. 어떤 시점에서 만났든 이 책이 독자 여러분의 출판 환경에 대한 이해에 일말의 보탬이라도 되기를 바라는 마음이다.

　이 책의 구성과 내용은 다음과 같다. "제1장 지식 편집자들의 세계"에서는 국내의 대표적 지식 편집자인 출판 편집자들의 세계를 엿보면서 이들이 사용하는 12가지 도구를 개괄한다. 아울러 편집자의 다양한 역할을 통해 독자와의 소통을 고민하며 진화해온 출판 메커니즘을 살펴본다. "제2장 내용 설계"에서는 책의 내부를 다루는 도구들을 본격적으로 살펴보고, "제3장 시장 설계"에서는 책의 외부를 다루는 도구들을 통해 저자와 출판사가 독자들과 어떻게 만날 것인가에 대한 진지한 고민들을 살펴본다. 마지막으로 "제4장 마음가짐 설계"에서는 무엇보다도 기본이 되는 편집자의 마인드를 돌보는 도구들을 소개하고, 부록으로는 책의 포장을 결정할 때 실질적인 도움을 줄 수 있는 '표지 문안 작성법'을 살펴본다.
　연재를 제안하고 용기를 주신 한국출판마케팅연구소의 한기호 소장님과 연재 내내 최초의 독자가 되는 고역을 마다하지 않은, 출판 동료이자 사랑하는 아내인 주정림 님 그리고 출간을 제안하고 멋진 책으로 만들어 주신 한국방송통신대학교출판부의 장웅수 님에게 고마움을 표한다.
　아무쪼록 이 거친 글이 독자 여러분께 편집에 대한 새로운 인식

을 심어주어, 책을 쓰고 짓고 묶고 엮고 나누는 은밀한 즐거움을
모두가 함께 만끽하게 되기를 바란다.

2010년 가을

정 상 우

차   례

chapter 1

지식 편집자들의 세계

지식 편집자들의 세계

1. 생각의 국경을 넘는 편집자들

생각해 보자. 가장 멋진 은유를 만드는 사람이 성공하는 나라가 있다. 어떤 은유를 갖느냐에 따라 그 주인의 운명은 달라진다. 그러니 당연히, 서로 더 나은 은유를 차지하기 위한 싸움이 곳곳에서 벌어졌다.

책 만드는 사람들 사이에서도 예외가 아니었다. 자신만의 은유를 만들지 못한 편집자는 다른 사람이 만든 은유를 가지고 평생을 살아야 했다. 그래서 어떤 이는 그림자처럼 살았고, 어떤 이는 이곳저곳을 떠도는 용병 노릇에 만족하며 살았다. 어떤 이는 소작농처럼 묵묵히 매년 주어진 양의 책을 만들었고, 또 어떤 이는 시장에 나가 좌판을 벌이고 사람들을 모으는 호객 행위를 했다.

그런데 그중에는 도저히 자신의 은유에 만족할 수 없는 편집자들이 있었다. 책 만드는 일, 편집하는 일이라는 게 과연 이게 전부인가? 하루 평균 네댓 명의 사람들이 그런 의문을 품었고, 그들 중 한둘은 세상에 없던 책과 사람들이 경탄할 만한 은유를 발명하겠노라 다짐하며 국경을 넘었다. 99%의 사람들이 돌아오지 못했다. 그러나 간혹 지금까지 볼 수 없던 특별한 책을 들고 나타나는 극소

수의 사람들이 있었다. 그들이 만든 것은 책이었지만, 그걸 가능하게 한 것은 편집에 대한 새로운 은유, 바로 새로운 관점이었다.

편집의 발명가들. 국경 밖에서 살아 돌아온 편집자들을 사람들은 그렇게 불렀다. 편집을 발명의 관점에서, 새롭게 창조해야 할 것으로 보는 편집자들에게는 몇 가지 공통적인 도구들이 있다. 지금부터 하려는 이야기는 바로 그 모험심 가득한 편집자들과 그들이 사용하는 12가지 생각도구에 대해서이다.

지금도 하루 평균 네댓 개의 신생출판사가 생겨나고 있다(2002년부터 2004년까지의 통계치 평균). 이들 중 대부분은 책 한 권 내보지 못하고 폐업신고를 하고, 몇몇은 서너 권의 실패작을 내고는 3년 이내에 문을 닫는다. 5년이 지나면 99%의 신생출판사가 개점휴업 상태에 빠지거나 시장에서 조용히 퇴출되고 만다. 그럼에도 불구하고 도대체 왜 수많은 편집자들이 현실에 만족하지 못하고 자신만의 책을 찾아 끊임없이 국경 너머로 떠나는가? 무엇보다 어떻게 그들 중 1%의 사람들은 사막의 모래폭풍을 뚫고 살아 돌아올 수 있었나? 질문을 바꿔보자. 올바른 질문을 던질 수만 있다면 우리는 해답을 얻을 수 있다. 이렇게 물어보자.

"미래의 생존을 위해 편집자의 연장통에는 과연 무엇을 담아야 하는가?"

국경을 넘는다는 것은 생각의 경계를 넘는, 지금까지 없던 새로운 책을 향한 모든 도전을 의미한다. 그 유혹은 너무나 강렬하기 때문에 의욕적인 편집자들일수록 더욱더 무모한 도전에 나서게 된다. 하지만 대다수 편집자들이 살아 돌아오지 못하는 이유는 그들이 충분한 자원과 도구를 확보할 수 없을뿐더러, 결정적으로 자신만의 철학과 생존의 방법론을 미처 완성하지 못한 상태에서 성급히 출발하기 때문이다. 이들은 머릿속 상상력의 싸움에서 이미 진 채로 막연한 희망만을 붙들고 책을 만든다. 결국 이들이 만든 책에는 지금까지와 하등 다를 바 없는 뻔한 세상이 담기고, 시장에는 있어도 없어도 그만인 책 하나가 더해지게 된다.

그렇다면 모험을 준비하는 지식 편집자여, 당신은 과연 자신만의 책을 찾아 생각의 국경을 넘을 준비가 되어 있는가? 지금 당신의 연장통에는 무엇이 담겨 있는가? 이제 좀더 현실적인 이야기를 해보자.

어느 날 후배가 찾아왔다. 갑자기 팀장을 맡게 되었는데 눈앞이 캄캄하고 어떻게 해야 할지 모르겠다고 했다. 지금까지는 자신에게 주어진 책만 열심히 만들면 되었지만, 이제는 편집 이외의 것들도 신경 써야 할 처지가 된 것이다. 나 역시 캄캄했다. 부랴부랴 연장통을 뒤적여 보지만 그때까지도 변변한 방법론 하나 갖지 못했으니 전해줄 게 없었다. 평소 쓰던, 편집라인의 흐름을 다루는 도구 하나와 주워들은 노하우 하나를 패기 없이 말해 주었다.

"관중이 아니라 공에만 집중해."

팀장 명함을 찍고 약간의 권한을 갖자마자 힘의 논리에 휘둘려 스트레스를 받고 있을 때, 선배가 내게 해준 말이었다. 그때부터 일과 정치의 적절한 경계를 찾지 못해 혼란스러워질 때면 나는 상상 속의 필드로 나를 데려갔다. 저 멀리 바람에 나부끼는 깃발만 바라보거나 갤러리들에게 잘 보이려고 플레이를 의식하는 순간, 정작 눈앞의 공을 제대로 때리지 못하게 된다. 그렇게 사람들 사이에서 오해 받고 어떻게 처신해야 할지 혼란스러울 때면 나는 7번 아이언을 들고 오로지 공만 노려봤다. 목표를 확인한 후에는 목표도 관중도 아닌, 공에만 집중해야 한다고, 그게 일이 되게 하는 방법이라고, 절대 누구 사람 소리 듣지 않겠다고 중얼거리면서 말이다.

훗날 나는 후배에게 큰 죄를 지었다는 걸 깨달았는데, 그때는 내가 이미 만신창이가 된 몸으로 회사를 떠나 고립무원의 상태가 된 후의 일이었다. '골프의 은유'는 기본적으로 옳았지만, 그 상황에서 구사할 수 있는 적절한 전략은 아니었다. 선배는 그때의 나를 수구가 쿠션을 이용해서 적구를 때리는 당구의 세계로 인도했어야 마땅했다. 그때 후배에게 필요했던 건 경기 전체를 보는 눈, 공과 공 사이의 각을 읽고 당구대 전체를 활용하는 눈이었기 때문이다. 어린 편집자가 상황을 장악하기엔 골프장은 너무 크고 고려해야 할 변수가 너무 많다.

부적절한 생각도구를 쓴 덕분에 쓰라린 실패를 겪고 나서, 나는 더욱더 편집자의 연장통에 집중하게 되었다. 그것은 '자존적인 편집자로서 어떻게 살아가야 할 것인가?' 그리고 무엇보다 '대체 불가능한 편집자의 전문성은 무엇인가?'에 대한 고민이기도 했다. 하지만 쉽게 답을 찾을 수 없었다. 그래서 나는 작가들의 연장통을 뒤적이기도 하고 다른 업계를 기웃거리며 그들의 연장통에는 뭐가 들었는지 와르르 쏟아보기도 했다. 대부분은 소용이 없었지만 몇몇 빌려다 쓸 만한 것들도 나왔다. 그래서 몇 가지 도구들을 추릴 수 있었는데, 그것은 잠정적인 선택으로 더 적합한 것이 나오면 미련 없이 버릴 수 있는 성질의 것이었다. 그렇게 버릴 것들을 버리고 연장통에 담은 것은 (내가 생각하는) 내용 설계의 기본적인 도구들이었다. ①모듈 ②플로우 ③스타일 ④스토리 ⑤장르가 그것인데, 이것들은 상황에 따라 골프채를 달리하듯 콘텐츠에 따라 유연하게 골라 쓸 수 있는 것들이다. 그렇게 나만의 편집도구들을 서툴게 모아가던 중 나는 드디어 나를 가두고 있던 생각의 한계를 넘을 수 있는 새로운 단초를 만나게 되었다.

어느 날 국경 너머에서 돌아온 선배님을 만난 자리에서 귀중한 방법론 하나를 전수받게 된 것이다. "안이 아니라 밖을 다스려라. 그러면 안은 저절로 다스려진다." 만들어야 할 책만 들여다보며 씨름하던 내게는 정반대의 처방이었다. 사실 그때까지도 나는 그 말을 그저 어렴풋하게만 이해하고 있었다. 심지어 매우 정치적으로 해석해서 약간 불쾌한 생각이 들기도 했다. 그러다가 최근에 만난 두 가지 문장의 도움으로 비로소 그 진의를 알게 되었는데, 하나는 '말을 다스려라. 그러면 말 타는 법을 통달하게 된다'는 필립 코틀러의 글이었고, 다른 하나는 피에르 바야르의 『읽지 않은 책에 대해 말하는 법』에서 만난 다음과 같은 문장이었다. "결국, 책의 내용은 대부분 그 책의 상황이다." 그러니까 이 문장들에 담긴 통찰을 깨닫기까지 참으로 많은 시간이 필요했던 것이다. 생각해 보니 정말 책이 다루는 내용의 대부분은 결국 그것을 둘러싼 외부 상황에 대한 것이다. 피에르 바야르의 책에서 다시 인용하자면, "내부는 외부보다 덜 중요하다. 혹은, 책의 내부는 바로 책의 외부요, 각각의 책에서 중요한 것은 나란히 있는 책들이라고 할 수도 있을 것이다."

물론 인용한 책 속에서의 정확한 의미는 책을 다른 책들과의 관계 속에서 위치 지을 수 있는(오리엔테이션할 수 있는) 능력이 바로 교양이라는 의미로서 사용되었지만, 이 말은 콘텐츠와 그것을 둘러싼 모든 상황으로 확장해서 생각해 볼 수 있다. 그러니까 책을 만들 때는 그 책을 둘러싼 상황 자체가 또 다른 편집의 대상이 되어야 한다. 결국 안이 아니라 밖을 다스려야 하는 것이고, 말 타는 법(Skill)이 아니라 말 자체를 이해해야 하는 문제였다.

편집 과정에서 미완의 책을 둘러싸고 여러 가지 힘들이 충돌할 때, 나의 미숙함은 그것을 단순히 이해당사자들 사이의 문제로 환원해서 좁은 시각으로 바라보게 만들었다. 내게는 책이 놓인 상황, 즉 생산자를 둘러싼 상황, 소비자를 둘러싼 상황, 책이 만날 세계를 둘러싼 상황 속에서 그 책을 판단할 수 있는 넓은 시야가 없었다. 콘텐츠가 위치한 맥락(Context)을 이해하고 그걸 콘텐츠에 다시 반영해서 새로운 맥락을 만들어 내는 일이 바로 편집자에게 요구되는 새로운 과제였다. 그래서 나는 미완의 연장통을 뒤적여 콘텐츠의 외부(Market 즉, 시장)를 다루는 새로운 도구들을 추가했다. 그렇게 시장 설계의 도구들로서 ⑥포지셔닝 ⑦트렌드 ⑧사이클 ⑨콘셉트 ⑩브랜드가 새롭게 나의 연장통에 포함되었다. 하지만 편집에 대한 철학, 나만의 방법론을 찾는 일은 여전히 요원한 일이었다. 그러다가 우연치 않은 일이 일어났다.

얼마 전까지 나는 발리의 해변에 누워 있었다. 열대의 기후가 치유 효과를 지녔다는 걸 그때 처음 알았다. 마음껏 늦잠을 자고, 다양한 나라의 조리법으로 만든 신선한 음식을 먹고, 오후의 수영장에서 배영을 즐기다가, 해질녘이면 해변에 나가 칵테일에 취한 바다를 멍하니 바라보는 게 일상이었다. (이런, 진짜 인생은 이곳에 있었다!) 그곳에서 골프 강습도 받았는데, 첫날 아이언 샷에 이어 둘째 날에는 샌드웨지를 들고 벙커 샷을 연습했다.

엉거주춤 따라하던 나에게 인도네시아인 강사가 외쳤다. "Hit

the sand!(모래를 때려라.)"

공이 벙커에 빠졌을 때는 공이 아니라 바로 앞의 모래를 때려서
(혹은 떠서) 공을 그린 위로 올려놓는 게 요령이라고 했다. 서둘러
벙커를 탈출할 욕심에 공을 힘껏 때리기에만 급급했던 나는 그 말
에 약간의 충격을 받았다. 잊고 있던 '골프의 은유'가 다시 나를 찾
아온 것이다. 나는 내가 놓치고 있던 게 무엇인지 그제야 알 것 같
았다. 벙커에 빠진 상태에서는 기존과는 전혀 다른 새로운 관점과
방법론이 필요했던 것이다. 자신이 벙커에 빠진 줄도 모른 채, 공
이 어디로 갈지도 모르면서 외곬으로 휘둘러대던 예전의 내 모습
이 그려졌다. 게임을 즐기기 위해서는 우선 게임의 정석을 숙지해
야 하고 아울러 그것을 자신의 것으로 만들기 위한 충분한 연습이
필요하다. 그리고 무엇보다 중요한 건 어깨에 힘을 빼고 놀이를 즐
기는 자세다. 나는 부드럽게 모래를 때려 공을 그린 위로 가볍게
걸어 올렸다. "잘한다!" 인도네시아인 강사가 서툰 한국어로 소리
쳤다. 우리는 하이파이브를 했다.

나는 발리에서 돌아오자마자 연장통에 마음가짐 설계의 도구로
서 '⑪놀이'를 추가했다. 휴식이 일시정지 버튼이라면 놀이는 열
정의 작동 버튼이다. 책을 가지고 놀 때, 진정 즐기는 마음이 될
때, 비로소 새로운 편집의 발명이 가능하다. 마지막 생각도구는
'⑫마스터'인데, 이 유서 깊은 은유를 통해 우리는 위대한 혁신의
장인들을 살펴볼 것이다.

이로써 편집자의 12가지 생각도구들을 모두 소개했다. 본격적
인 이야기를 시작하기 전에 각각의 도구들이 세 개의 서랍(내용 설
계, 시장 설계, 마음가짐 설계) 중 어느 칸에 위치하고 있는지 대강

의 위치를 그려 보이고 싶었다. 도구가 담당하는 기능은 각각의 항목에서 온전히 다루어질 것이다. 오늘도 수많은 편집자들이 자신만의 모험을 준비하며 국경 앞에서 단단히 신발끈을 묶고 있다. 나 역시 클럽을 굳게 쥐고 필드로 나선다. 자, 이제 플레이 볼!

2. 숨은 편집자 찾기

도구상자의 첫 번째 서랍을 열기에 앞서 간단한 오리엔테이션을 갖기로 한다. 아무리 훌륭한 도구를 갖추었다 한들 현장에 대한 전체적인 이해가 없으면 무용지물이기 때문이다. 우리의 오리엔테이션은 출판 과정 속에 숨어 있는 편집자 찾기가 될 것이다. 주의 깊게 살펴보면 구석구석에서 꽤 많은 편집자들을 발견하게 될 것이다. 어쩌면 옥상에서 저자와의 통화를 마치고 줄담배를 피우고 있는 젊은 편집자, 당신을 만나게 될지도 모를 일이다.

Orientation 1. 왼쪽으로 더 왼쪽으로

출판사에 들어가 경력을 쌓다 보면 처음에는 보이지 않던 선배들이 하나둘씩 눈에 들어오기 시작한다. 투명인간이 근무한다는 소리는 아니고, 몇몇 편집자들은 상황에 따라 적절한 역할을 수행할 때 비로소 그 존재를 드러내기 때문에 평소에는 그 진면모를 알 수 없다는 뜻이다. 따라서 어떤 위치에 있느냐는 모르겠지만, 어떤 면모를 갖추고 어떤 자세를 취하느냐는 순전히 개인의 몫이 된다.

나의 경우엔 엉거주춤, 어정쩡한 자세로 편집 일을 시작했다. 나는 운 좋게도 제법 규모 있는 출판사의 마지막 공채로 입사할 수 있었지만 그리 의욕적이지는 못했다. 출근 첫날, 사무실을 돌며 인사를 마치고 돌아와 보니 자리에 두툼한 원고뭉치가 떡하니 앉아 나를 기다리고 있었다. 어이, 왔어? 오리엔테이션도 없이 바로 실무에 투입된 것이다. 그로부터 석 달 동안은 책상에 꼼짝없이 앉아 눈이 빠져라 교정지만 들여다보는 게 하루 일과의 전부였다. 그 후 내가 씨름했던 원고가 책으로 만들어진 걸 보고서야 나는 비로소 아주 조금 감격할 수 있었다. 판권에 내 이름이 실렸잖아! 하지만 그것도 잠시, 반년을 넘게 계속되는 단조로운 교정 작업에 지쳐 내 안의 열정은 조금씩 사그라들었다. 극단적으로 말하자면, 나는 그저 엉덩이 붙이고 눌러앉아 시간을 팔고 있었던 것이다.

그렇게 내가 엉덩이로 본 교정지는 나의 사수가 넘겨받아 재교를 보았는데, 교정을 마치고 나면 어김없이 불러 세워 내가 자주 틀리는 것들을 집중적으로 가르쳤다. 요즘 시스템으로 치면 나는 교정 외주자의 역할을 담당했던 것이다. 미국식으로 보면 '카피 편집자 Copy Editor[1]라고 볼 수 있고, 선배의 경우는 작가와 접촉을 유지하며 완성 원고를 일일이 점검하는 '라인 편집자 Line Editor'의 역할이었던 것 같다. 하늘같은 선배였지만 뒤에 보니 그도 온전한 자립단위는 아니었다.

좀더 시간이 지나면서부터 드디어 사수를 넘어 회사 안의 다른 편집자들이 보이기 시작했다. 먼저 우리 팀장의 경우에는 우리 팀의 '프로덕션 편집자(Production Editor : 예산과 스케줄에 대한 책임을 지고 원고로부터 책에 이르기까지의 전 과정을 관장)' 역할을 맡고 있었고, 부장의 경우는 주로 '원고 입수 편집자(Acquisitions Editor : 작가와의 계약 및 확정원고 입수까지를 관리)'의 역할에 집중되어 있었다. 소개 순서에 따라서 이들은 점점 [그림 1]의 왼쪽 끝으로 접근하고 있었는데 왼편으로 갈수록 편집자의 역할은 작가의 역할과 중첩되기도 하고 혹은 그보다 앞서 있기도 했다.

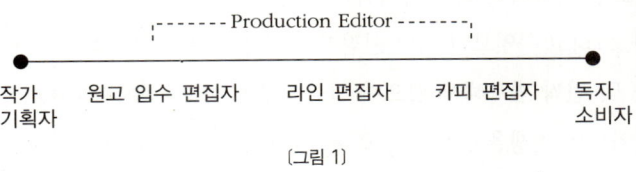

[그림 1]

일년 정도를 근무하면서 이런 지형도가 겨우 눈에 들어오자 나는 내심 왼쪽으로 마음의 방향을 정했다. 출판의 부가가치는 모두 작가와 가까운 곳에서 발생한다고 믿은 것이다. 실제로 현장에서 통상 기획자라고 불리는 사람들은 '원고 입수 편집자'의 역할을 수행한다. 이들은 기획을 제안해서 적합한 작가를 섭외하기도 하고, 새로운 작가를 발굴해서 계약으로 연결하기도 한다. 작가의 반대편 끝에 독자가 있는 것처럼 기획자의 반대편에는 소비자가 있다. 작가는 이상적인 독자를 상대로 글을 쓰지만, 기획자는 변덕스러운 소비자를 생각하며 작가를 설득하게 된다.

바로 이 과정에서 새로운 존재들이 등장하는데, '자립 편집자 [Substantive Editor : 작가가 말하고자 했던 바를 적절한 방식으로 표현하게끔 도와주는 역할. 작가의 역량에 따라 이 작업은 종종 고스트 라이팅(Ghost Writing : 대필)이 되기도 한다]'가 바로 그들이다. 이들은 고용관계에 따라 독립 편집자(Independent Editor)와 전속 편집자(In-house Editor)로 나뉜다. 독립 편집자는 출판사가 아닌 작가에게 고용되는 편집자를 말하는데, 기획의 요구에 따라 책의 완성도를 높이는 이들의 역할 때문에 흔히 '북 닥터(Book Doctor)'라고도 부른다.

책을 돌보는 의사라니! 멋지잖아! 이런 경지의 편집자들을 만나게 되자, 나는 더욱더 '왼쪽으로 Go!'를 외치게 되었다. 그들의 일이 창의적이고 재미있어 보였을뿐더러, 또 눈에 잘 띄지도 않는 교정교열 작업과는 달리 가시적인 성과가 드러나는 일이었기 때문이다. 그리고 무엇보다 라인 편집자의 일은 고통스럽다. 똑같은 원고를 몇 번씩 반복해서 읽으며 사실을 확인하고, 독자의 편에 서서 작가와의 언쟁을 불사하며 오류를 바로잡는 일은 끝없는 인내심과 절대시간을 필요로 하기 때문이다.

그런데 많은 시간이 흘러, 업무 시간의 대부분을 왼쪽에서 보내고 있는 나를 발견하게 되었을 때, 이번에는 점점 알 수 없는 위화감이 느껴지기 시작했다. 어느 순간 정신을 차리고 보니, 열정이 사라진 어떤 편집 기술자가 홀로 서 있었던 것이다. 나도 모르게 매너리즘에 빠져 습관적으로 책을 만들면서부터, 나는 점점 독자로부터 멀어져 가고 있었다. 왼쪽 극단에는 그토록 찾아 헤매던 독자는 없고 대체로 비뚤어진 자존심과 오만밖에 없었다. 나는 방향을 잃고 말았다.

Orientation 2. 중심으로 더 중심으로

모든 편집자는 작가와 독자를 잇는 선 사이 어디쯤에 서 있다. 작가 쪽으로 다가갈수록 콘텐츠 설계의 기술적 능력이 중요해지고, 독자 쪽으로 갈수록 시장 설계의 역량이 강조된다. 따라서 편집자는 두 지점 사이에서 시장의 요구를 이해해서 작가의 언어로써 전달하는 균형추 역할을 해야 한다. 시장의 언어와 작가의 언어, 이 양날을 모두 연마하지 않으면 작가는 만족하지만 독자가 외면하거나, 반대로 독자의 요구는 있으나 작가를 설득할 수 없는 안타까운 상황에 빠지게 된다. 하지만 편집자에게 이것은 양자택일의 문제가 아니다. 막대저울을 생각해 보면 기획의 무게에 따라 위치는 달라지겠지만, 양쪽 모두가 수평을 이루는 균형점은 반드시 존재한다. 그 지점을 찾아서 작가와 독자가 소통하도록 만들어 주는 것. 그것이 편집자의 존재 이유이다.

하지만 현실은 그리 만만하지가 않다. 작가는 독자와 직접 소통하기 시작했고, 독자들은 더 이상 출판사에 이런저런 책을 만들어

달라고 요구하지 않는다. 그냥 자신이 직접 쓰고 발표하며, 실시간 으로 댓글을 주고받을 뿐이다. 그 사이에 편집자가 끼어들 자리는 없다. 작가를 '발굴'하던 시기는 지나고, 출판은 작가의 '등장'을 뒤늦게 확인해서 책으로 묶는 역할에 만족해 가고 있다. 콘텐츠 시 장에서 종이책은 서서히 1차 매체로서의 지위를 잃어가고 있다. 이제 편집자들은 작가와 독자 사이에서 우왕좌왕 서성이고 있다. 몇몇은 시장 지배력이 있는 작가를 따라 몰려가고, 몇몇은 사람들 이 모여 있는 곳이면 어디든 좋아가서 뭐든지 책으로 묶기 시작했 다. 그런 주변머리조차 없는 이들은 결국 자기 자리를 찾지 못하고 십여 년 넘게 일한 일터를 쓸쓸히 떠나는 지경에 이르렀다. 이것이 냉정한 현실인식이다. 그렇다면 뭐가 문제였을까?

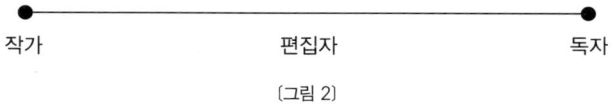

작가　　　　　　　　　　편집자　　　　　　　　　독자

〔그림 2〕

〔그림 2〕를 보자. 편집자는 여전히 작가와 독자 사이에 서 있다. 문제는 거리와 방향에서 중대한 변화가 생겼다는 데 있다. 작가와 독자 사이의 거리는 이제 거의 0에 이를 정도로 가까워졌고, 그 과 정에서 편집자는 주변인으로 전락하게 되었다. 이제는 편집자가 '최초의 독자'가 될 기회는 점점 줄어들고 있다. 지금도 기성 작가 들의 인터넷 연재를 알리는 소식은 계속해서 이어지고 있다. 이처 럼 작가가 발신하고 독자가 수신하던 일방향 커뮤니케이션 모델은 즉각적이고 쌍방향적인 커뮤니케이션이 되어가고 있다. 근본적으 로 생각의 틀을 바꿔야 할 때가 온 것이다. 세상은 바뀌고 있는데 왼쪽 끝에서 바라보는 독자는 여전히 너무나 먼 곳에 있다.

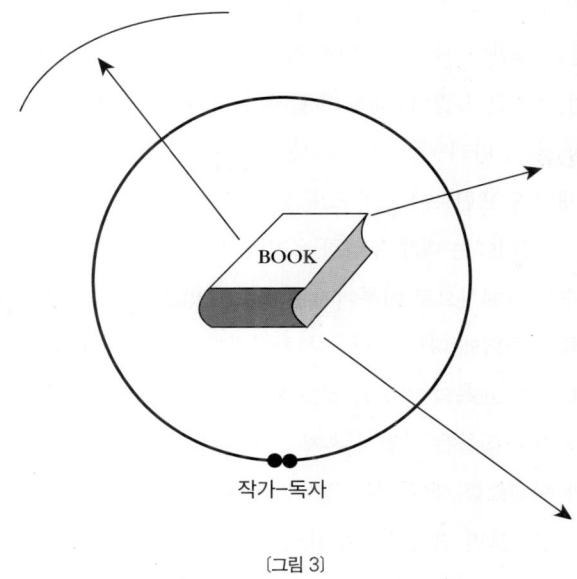

〔그림 3〕

이제 〔그림 3〕을 보자. 책을 중심으로 그 가장자리를 둘러싼 원이 보인다. 이것은 〔그림 1, 2〕의 선을 구부려서 양 극단에 있던 작가와 독자를 서로 만나게 한 그림이다. 이제 편집자들은 책 속으로 사라졌다. 이 원은 〔그림 2〕가 설명하지 못한 많은 것들(가령, 편집자의 진정한 위치, 편집자가 추구해야 할 방향성)을 우리에게 보여준다. 책 속으로 사라진 편집자는 '아직 읽지 않은 책에 대해 말하는 자'이다. 세상에 없는 책, 우리가 진정 보고 싶은 책을 상상하고 기획해서 작가—독자를 설득하는 편집의 발명가다. 책의 핵, 중심의 중심으로 사라져서 마침내 책의 마음으로 말하는 자이다. 따라서 편집자는 작가/독자의 이분법적인 사고가 아닌, 책과 책을 둘러싼 외부 세계와의 관계에 대한 종합적 사고를 바탕으로 생각의 반경을 넓혀서 더 많은 독자와 만나려는 노력을 계속해야 한다.

단행본 출판이라는 걸 가만히 들여다보면 여전히 영세하고 가내수공업적인 면이 많다. 대형 출판사의 경우도 속내를 들여다보면 중앙의 관리, 마케팅을 제외하고는 '프로덕션 편집자'를 중심으로 여러 개의 임프린트나 브랜드로 잘게 쪼개져 있는 경우가 대부분이다. 그 사이에는 대개 투명한 유리벽이 존재한다. 그래서 노하우의 전수도 도제식으로 이루어지는 경우가 많고, 그 결과 같은 편집자라 해도 경력에 따라 역량은 천차만별이 된다. 그나마 대형 출판사는 다양한 교육의 기회가 많고 업무분장에 따른 효율을 얻지만 규모가 작은 집들은 편집자 혼자 기획에서 편집, 마케팅까지 일인다역의 원맨쇼를 해야 하는 경우가 대부분이다. 그렇게 동분서주 뛰어다니다 보면 편집자는 수시로 길을 잃게 마련이다. 해는 지고 낯선 골목, 홀로 걷는 편집자는 오로지 자신의 감각에 의지해 밤길을 재촉한다.

그런데 역설적이게도 이런 가내수공업적인 조건이야말로 출판의 매력이자 장점으로 승화될 수 있다. 완제품에 이르기까지의 디테일한 과정을 한 사람이 통제할 수 있다는 것은 '명품의 DNA'를 갖출 수 있는 기본조건이 되기 때문이다. 그것은 바로 책에 내재된 편집자의 감각, 영혼이다. 영혼을 담아낼 수만 있다면 편집자가 단 한 명뿐일지라도 대형 출판사와 당당히 경쟁할 수 있다. 이 명품의 유전정보는 DNA를 매개로 전이되어 책의 형질전환을 일으키기 때문이다. 아무리 큰 출판사라 할지라도 조직 내에 명품의 DNA가 사라지고 나면, 편집 기술자들이 찍어내는 생기 잃은 기성품들만 쏟아져 나오게 된다. 왜냐하면 영혼은 복제될 수 없기 때문이다. 그러니 편집자의 영혼을 소중히 다루어라. 익숙한 도구를 믿지 말고, 어둠 속을 더듬대며 길을 열어가던 신입시절을 기억하라. 그 감각을, 순수했던 열정을 믿어라. 나머지는 젊은 편집자, 당신의 맑은 영혼에 맡기면 저절로 다 이루어질 테니까.

chapter 2

내용 설계

1. 모듈 : 종이로 생각하기

건축에서 '파르티(Parti)'란 기초 설계를 의미한다. 매튜 프레더릭의 『건축학교에서 배운 101가지』에 따르면, 파르티는 평면의 구조를 생생하게 보여주는 그림과 간단한 설명으로 표현되는데, 이는 건물의 핵심 아이디어 또는 개념이다. 저자는 훌륭한 파르티는 건축을 초월한 것에서 나오며 건축 형태가 드러나기 전에 충분히 다듬어야 한다고 설명한다. 중요한 것은 바로 이 부분이다. 훌륭한 책 역시 기존의 관습적 한계를 초월한 아이디어에서 시작된다. 그

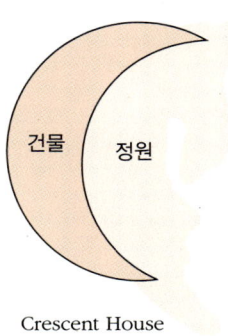

Crescent House

'달이 차오른다'는 콘셉트를 살린 '크레센트 하우스(초승달 집)'의 파르티를 직접 그려 보았다.
알랭 드 보통의 『행복의 건축』, 25p.에 실제 건물 사진이 소개되어 있다.

리고 건축과 마찬가지로 육체를 지닌 척으로 탄생하기 전에, 아이디어 상태에서 충분히 다듬어져야 한다.

도구상자의 첫 번째 서랍에는 이 아이디어 상태의 생각을 다듬는 콘텐츠 설계의 도구들이 담겨 있다. 설계의 도구는 기본적으로 분석의 도구이기도 하다. 따라서 좋은 설계를 하고 싶다면 먼저 좋은 작품들을 분석하는 것부터 시작해야 한다. 눈치챘는가? 그렇다면 우리가 배울 첫 번째 도구는 바로 편집자의 줄자, 모듈이다.

편집자의 줄자

학창시절, 숙제로 집의 평면도를 그려본 기억이 있을 것이다. 실측을 한답시고 줄자를 들고 뛰어다니고, 모눈종이에 방과 마루를 그려 넣었다. 지금은 공식적으로는 쓰지 않는 '평'이라는 단위로 공간을 생각할 때였다. 그런데 일본에서는 바닥재로 쓰이는 '다다미'를 주택 건축의 기본단위로 삼기도 했다. 즉, 다다미 6장을 깔아 안방을 만들고, 입구 쪽에는 2장짜리 작은방을 두고, 하는 식으로 공간을 설계한 것이다. 이것은 일종의 모듈 설계라고도 할 수 있는데, 일본인들의 이런 사고는 책에도 그대로 영향을 미쳤다.

현장 곳곳에서 우리는 책을 하나의 건축물로 대하는 일본식 표현들을 만나게 된다. 가령, 책의 표제면을 도비라(とびら: 문짝)라고 부르는 것도 문을 열고 안으로 들어간다는 의미, 즉 책의 시작을 알리는 공간적 개념이다. 독서 행위라는 '연속된 시간'의 공간적 표현, 이런 개념이 극대화된 것이 책의 편집 디자인이다. 문을 열고 들어가 책을 펼치면, 통상 펼침면 좌우로 하시라(はしら: 기둥)가 위치하고 있다. 하시라는 면주(面柱) 혹은 마커(Marker)라고 부른다. 이렇게 면의 좌우에 기둥을 세우면 기둥은 다른 곳과 구별

되는 공간을 창출해서 글이 모이는 곳과 여백을 구분짓는다. 실제 기둥이 건물 내부에서 '길 찾기'의 도구 역할을 하듯이 면주도 독자가 책 속에서 어디에 위치해 있는지를 알려주는 네비게이션 역할을 한다. 그래서 면주에는 주로 페이지 번호와 장제목이 표기된다. 이처럼 건축의 은유는 책이라는 형식에 예상보다 깊이 들어와 있다.

편집 디자인에서 지면의 공간 설계는 통상 그리드(Grid: 격자) 작업이라고 부른다. 티모시 사마라의 『그리드를 넘어서』를 보면, 원고의 성격에 따라 다양한 그리드를 이용한 레이아웃을 선택해 왔음을 알 수 있다. 에세이처럼 많은 양의 본문을 처리해야 하는 경우에는 박스(Box) 스타일의 메뉴스크립트(Manuscript) 그리드를 주로 사용하게 된다. 손으로 썼던 전통적 방식과 같다 하여 붙여진 이름이다. 단(Column) 그리드는 처음부터 끝까지 하나의 줄거리로 이어지는 글에 비해 여러 내용으로 나뉘거나 다른 내용이 섞여 있는 불연속적인 정보를 다루기에 편리하다. 모듈 그리드(Modular Grid)는 단을 세분화된 행으로 나누는 대신에 모듈이라는 사각형의 방을 만들어 나열한 것이다. 각 모듈은 지면 위에서 몇 개로 나누어진 정보 공간을 설정하게 된다.

여기서 모듈이 중요한 이유는 지면에서 정보 공간을 만드는 최소단위가 되기 때문이다. 모듈은 말하자면 편집 디자인에서의 다다미 한 장이라고 볼 수 있다. 원래, 모듈은 건축에서 기준으로 삼는 치수를 말하고, 컴퓨터 용어에서는 프로그램 내부를 기능별로 나눈 일부분을 말한다. 모듈 방식 설계(Modularity Design)는 하나의 시스템을 구축하려 할 때 독자적 기능을 가지는 여러 개의 모듈로 나뉘도록 설계하는 방법이다. 이와 같이 설계하여 구현하게 되면 시스템에 고장이나 오류가 생길 때 발견하기 쉽고 일부를 떼내어 교환하기도 쉽다.

내 머릿속 건축가

모듈이라는 개념은 콘텐츠 설계에서도 매우 유용하게 사용될 수 있다. 가령, 잡지에 연재중인 어느 팝 칼럼니스트의 글을 토대로 단행본을 구상한다고 해보자. 우리에게는 지금 회당 20매짜리 연재물 40회가 확보되어 있다. 원고지 800매면 신국판 250페이지 정도의 책을 기대할 수 있을 텐데, 이때 어떤 모듈을 선택하느냐에 따라 책은 전혀 다른 모습이 된다. 가장 단순한 방식은 기존의 연재물을 적당히 손봐서 그대로 한 꼭지씩 벽돌을 쌓듯이 쌓아나가는 방법이다. 기존의 모듈로는 그냥 '연애고민 상담사례집' 정도가 만들어진다. 그런데 문제는 연애에 대한 고민상담의 형식으로 진행된 이 연재가 한정된 분량 때문에 매회 뭔가 이야기를 시작하려다가 마는 듯한 미진한 느낌으로 끝나고 있다는 점이었다. 이건 본관이라기보다는 매점이나 휴게실 같은 부속건물의 느낌이다(아! 물론, 부속건물을 지어야 할 때도 있다).

따라서 하나의 주제를 깊이 있게 다루되, 너무 지루해져서 독자가 관심의 끈을 놓지 않을 정도의 분량으로 기본 모듈을 다시 설계할 필요가 있다. 아서 코난 도일 경은 "데이터를 갖기 전에 이론을 세우는 것은 중대한 실수다"라고 말했다. 가능한 모든 데이터를 확보하는 데서부터 콘텐츠 설계는 시작된다.

저자와 만나 협의하는 과정에서 몇 가지 사용 가능한 데이터들이 추가로 확보되었다. 저자에게는 라디오에서 '이럴 땐 이 음악' 같은 코너를 진행하며 모아 두었던 콘텐츠들이 있었다. 일종의 뮤

직테라피(Music Therapy)의 개념으로, 실연으로 괴로워하는 사람을 위한 음악, 솔로 생활의 우울함을 떨쳐주는 음악 등으로 별도의 구성이 가능했다.

우리는 저자와 함께 새로운 모듈을 설계했다. 흩어져 있는 사연들을 묶어줄 중심 캐릭터 J와 K가 새롭게 등장했고, 이들이 만나고 헤어지기까지의 과정에서 등장할 수 있는 주제들을 뽑아 총 10개의 장으로 나눠 다시 묶었다. 이제 하나의 장은 약 80매 분량의 모듈로서, 주제와 관련한 풍성한 에피소드들이 나오고, 그에 따른 솔루션을 들려주고 나면, 팁으로 함께 들으면 좋은 음악이 소개되는, 3개의 모듈이 결합해서 하나의 시스템을 이루는 형태로 구성되었다. 이처럼 반복되는 패턴을 인식하고 최소단위를 찾아내는 작업이야말로 콘텐츠 설계의 기본이라고 할 수 있다. 그리고 그 과정에서 모듈 설계라는 개념은 설계와 관리 양면에서 많은 도움을 준다. 따라서 책의 기본 모듈을 모두 포함하고 있는 샘플 꼭지를 저자와 함께 완성하는 일은 이미 책의 절반을 만드는 것과 마찬가지이다. 그리고 어떤 모듈을 채택하고 어떤 모듈을 버릴지에 따라 책의 성패는 좌우된다.

하지만 이런 모듈 방식 설계는 기본적으로 교양·실용서에 더 유용하고 소설과 같은 문학작품에는 적합하지 않다. 소설이란 기본적으로 형식에 대한 도전과 새로움의 추구를 모토로 하는 장르이기 때문이다. 하지만 소설가들의 머릿속에도 건축가는 살고 있다. 이들은 모듈을 숭배하지는 않지만 부정하지도 않는다. 모듈을 부정하는 순간 외려 형식에 사로잡힐 수 있기 때문이다. 그들에게 중요한 것은 어떤 형태로든, 덧없이 날아가 버리기 쉬운 것들을 재빨리 잡아 고정하는 것이다.

편집자들의 머릿속에도 건축가가 산다. 이들은 종이로 집을 짓는 사람들이다. 이들의 머릿속은 다른 누구보다도 복잡하다. 왜냐하면 이들에게 건축이란 심미적인 예술이기 이전에 그곳에서 살게 될 건축주를 위한 서비스이기 때문이다. 사용자들의 쾌적한 경험을 설계하기 위해서는 건물 자체의 완성도도 중요하지만 건물의 위치를 선정하고 주변과의 조화를 생각해야 하는 것도 중요한 숙제다. 하지만 그것은 우리의 다음 숙제로 미뤄 두기로 하고, 이제 종이로 짓는 집은 과연 어떤 것인지 살펴보기로 하자.

종이로 생각하기

편집자는 기본적으로 자신의 매체(Media)로서 사고할 수 있는 힘을 지녀야 한다. 그런 점에서 특히, '종이로 생각하기'는 출판 편집자의 가장 기본적인 능력이다. 교정지와 씨름하며 멍 때리기를 반복하던 신입시절에는 매번 종이를 만지면서도 정작 종이로 생각하는 법을 몰랐다. 한글 프로그램에서 F7키를 누르면 편집용지를 설정하는 대화창이 뜨는데, 매번 정해진 포맷으로 조판하고 출력해서 교정 보고 필름 뽑기를 반복하던 나는 그 작업의 정확한 의미를 이해하지 못하고 있었다. 교정 원칙을 숙지하기에도 바빴기 때문이기도 했지만, 원고를 앉히는 판을 짠다는 것이 어떤 의미를 갖는지를 몰랐던 것이다.

그러던 어느 날, 플로피디스켓에 담긴 존 그리샴의 신작 원고가 내게 맡겨졌다. 원고를 읽으려고 출력물을 뽑고 보니 기존에 내가 담당하던 시리즈의 책들과는 레이아웃이 달랐다. F7키를 눌러 편집용지 창을 보았더니 용지 위아래 여백부터 좌우 여백까지 모든 수치가 달랐다. 심지어 꼬리말이 아니라 머리말을 쓰고 있었다. 이게 가능해? 와우! 그러니까 입사한 지 거의 일년 만에 나는 처음으로 다른 레이아웃 소스를 대했던 것이다. 이걸 마음대로 바꿀 수 있어? 올레! 당연한 것을 너무나 뒤늦게 깨달은 나는 자를 들고 본격적으로 달려들었다. 행장의 길이를 재서 좌우 여백을 정하고, 재단선에서 면주까지, 면주에서 다시 본문까지의 길이를 재서 블록그리드를 정했다. 그렇게 내가 처음으로 만든 레이아웃에 원고를 흘리게 되었다. 본문디자인 데뷔작이었던 것이다. 오죽했겠는가? 책은 큰 낭패를 보았다.

하지만 그 일을 계기로 나의 사고는 폰트라는 점을 지나, 행이라는 선을 거쳐, 본문 레이아웃을 아우르는 면에까지 도달하게 되었다. 비로소 독자들이 책을 대하며 경험하는 기본 인터페이스를 설계할 수 있게 된 것이다. 그런데 여기에 다양한 지종과 평량을 지닌 '종이'라는 물성이 결합되고, 콘텐츠의 양에 따라 페이지 수가 정해지면 책은 두께를 얻게 되고 비로소 '시간'이라는 차원과 결합하게 된다.

여기서부터는 차원을 달리 해서 단순한 공간설계를 넘어 시간설계의 영역으로 들어서게 된다. 그것은 독서행위의 러닝타임을 설계해야 할 숙제를 편집자들이 안고 있다는 것을 말한다. 즉, 독자들이 가장 오래 머무르는 곳은 콘텐츠의 어느 부분인지, 속도감 있는 독서를 위해서는 정보의 수위를 어떻게 조절하고, 분량은 어떻게 조절해야 하는지 등, 소위 '친절한 편집'이라는 개념으로 이야기되는 것들이 바로 시간설계의 디테일과 많은 부분 중첩된다. 결국 편집자의 '종이로 생각하기'는 정보 공간의 설계, 종이와 책의 물성에 따르는 감각, 독서 시간의 설계, 이 모든 것을 고려하여 독자의 독서행위 전체를 부드럽게 설계하는 것을 말한다. 그리고 그

설계의 기본은 콘텐츠의 유의미한 최소 정보단위 '모듈'을 설정하고 조절하는 데서부터 시작된다. 모듈 방식 설계에 대한 개념을 잡고 있으면 종이로 생각하는 데도 큰 도움을 얻을 수 있지만, 점차 숙달되어감에 따라 종이 없이도 머릿속에서 콘텐츠를 설계할 수 있게 된다. 이때 중요한 것이 바로 앞서 논의한 '파르티'다. 즉, 성패는 책이 형태를 갖추기 전에 이미 아이디어 상태에서 갈리는 것이다.

출시가 임박한 애플의 아이패드 같은 디지털 콘텐츠 플랫폼들이 활성화되면 과연 전통적인 출판 편집자들은 어떻게 될까? 이것은 출판계의 오랜 화두였지만 여전히 진행형인 질문이다. 지금까지는 종이책의 승리였고, 아마 당분간도 그럴 것이다. 소위 '전자책'이라고 하는 것들이 여전히 '종이책의 파르티'를 갖고 있기 때문이다. 디지털 미디어에 담겨 있지만 정보의 논리구조는 여전히 종이책의 경험을 그대로 옮겨 놓은 아류에 불과하다. 이런 아류로는 종이책의 물성, 책장을 넘기고, 도그지어를 접고, 잉크의 향기를 맡는 총체적인 만족감, 이런 경쟁력들을 쉽게 극복하지 못할 것이다. 하지만 이것은 일종의 유예이다. 기술의 발전은 결국 이 모든 것들을 우리가 생각했던 것보다 빨리 극복할 것이고, 전자책의 편의성과 막강한 네트워킹 능력은 결국 수많은 콘텐츠들을 끌어들일 것이다. 결국 콘텐츠 공급자인 출판사들은 예전 인터넷서점이 등장했을 때처럼 방심하고 있다가 갑과 을의 드라마틱한 역전을 다시한번 겪을지도 모른다. 그러나 디지털카메라가 필름카메라를 대체했다고 사진가의 역할이 바뀐 것은 아니다. 사진이 대중 속으로 좀더 널리 보급되었을 뿐 사진작가들은 디지털카메라로 여전히 예전과 같은 작업을 하고 있다. 결국, 편집자는 책을 책답게 하는 기본적인 것들로 인해 구원받을 것이다. 책을 책답게 만드는 자질, 그것은 우리가 앞으로 남은 서랍을 열며 다뤄야 할 주제이자 편집자로서 풀어야 할 숙제이기도 하다.

2. 플로우 : 몰입의 설계

1장에서 우리는 한 권의 책이란 독자의 마음 속에 짓는 건물이며, 모듈을 사용한다는 것은 콘텐츠 설계를 영감이나 우연에 맡기는 것이 아니라 '통제할 수 있는 영역으로 끌어내리는 것'이라는 점을 배웠다. 그렇다면 이제 가장 자연스러운 동선(動線) 설계로, 독자들이 모듈을 의식하지 못한 채 건물 속을 자유롭게 노닐게 만드는 방법에 대해 고민해 보자. 각각의 방과 문을 어디에 두느냐에 따라 사람들의 교류도가 달라지듯이, (실제로 화장실의 위치에 따라 조직원들의 팀워크는 달라진다고 한다.) 콘텐츠 설계에 있어서도 정보 또는 모듈의 배치에 따른, 일종의 동선 설계가 가능하다.

동선 설계와 관련해서 우리가 다룰 도구는, 바로 플로우(Flow)다. 플로우는 흐름이다. 흐름은 물이나 공기 따위가 시간과 함께 연속적으로 그 위치를 이동하는 현상을 말한다. 우리가 콘텐츠 설계에서 플로우를 이야기할 때는 두 가지 층위에서의 흐름을 모두 제어하겠다는 뜻이다. 첫째는 전체적인 흐름으로서의 이야기 구성을 말하는 것이고, 둘째는 그 큰 흐름 내에서 소용돌이치고 역류하기도 하는 개별적인 작은 흐름들을 말한다. 이것은 단어, 문장, 편집 디자인에 대한 것으로 주로 책의 가독성(Readability)에 관련한 것들이다. 카피 편집자가 저자와의 커뮤니케이션에서 집중하는 부분이 바로 이 두 번째 흐름, 가독성에 대한 것이다. 반면, 원고 입수 편집자의 경우에는 콘셉트 전개나 스토리의 큰 흐름에 집중하게 된다. 하지만 이런 구분은 논의의 편의를 위한 것일 뿐, 책임 편집자는 책의 자연스러운 '내적 흐름'에 관여하는 모든 부분을 전체에서 디테일까지 조망하고 조정할 수 있어야 한다("저술은 인간이,

편집은 신이 한다"고 했던 스티븐 킹의 말을 기억하자❷).

방대한 양의 원고를 집필하는 과정에서 저자는 수시로 균형을 잃기 쉽다. 원래의 흐름을 놓치고 샛강으로 빠져들기도 하고, 엄청난 폭주로 독자들의 배를 뒤집어 놓기도 한다. (물에 빠진 독자는 당연히, 읽던 책을 집어던지는 것으로 화답한다.) 따라서 책에 따른 적절한 흐름의 문제야말로 편집자가 적극적으로 개입해야 할 핵심적인 부분이다. 정체 구간에서는 흐름을 가로막는 장애물을 걷어내 원활한 유속(流速)을 만들기도 하고, 하품이 나도록 지루한 구간에서는 정보 수위의 높낮이를 조절해서 의도적인 낙차를 만들수도 있다. 또한 편집자는 자신의 공연한 삽질로 수변 환경이 파괴되거나 생태계가 교란될 위험은 없는지도 면밀히 살펴야 한다. 이모든 것들이 책에 대한 독자의 '몰입'을 설계하는 행위이고, 따라서 편집자의 궁극적인 목표는 텍스트의 플로우를 조절해서 손에서놓을 수 없는 '몰입도 높은 책'을 만드는 것이다.

몰입의 세 가지 조건

미하이 칙센트미하이는 『몰입의 즐거움』에서 몰입(Flow)을 '삶이 고조되는 순간에 물 흐르듯 행동이 자연스럽게 이루어지는 느낌'으로 새롭게 정의하며, 등산의 예를 통해 그 조건에 대해 설명하고 있다. 등산은 정상이라는 명확하고 모순되지 않은 목표가 있고, 코스에 따라 적절한 난이도를 스스로 선택할 수 있으며, 한 발한 발 오를 때마다 고도가 높아져가는, 즉각적인 피드백을 얻을 수있는 대표적인 몰입 활동이라는 것이다. 이제부터 이 세 가지 조건을 힌트로 편집자가 한 권의 책 속에서 어떻게 독자의 몰입을 설계할 수 있을지 생각해 보자.

1) 명확한 목표

『열린사회와 그 적들』의 칼 포퍼는 '작품을 읽기 위해 첫 번째로 해야 할 과제는 저자가 과연 어떤 질문에 답하려 하는 것인지를 판단하는 것'이라고 말했다. "무엇에 답하는 책인가?" 이것은 집필 과정에 있는 저자에게 새로운 질문으로 되돌아온다. 즉, 저자는 '나는 어떤 질문을 받았는가?'를 수시로 되물으며 원고의 각 부분에서 그 질문에 대해 명확히 답해 나가야 한다. 이것이야말로 책의 통일성을 유지하는 가장 확실한 방법이다. 그리고 그것은 바로 책의 콘셉트가 된다.

앤서니 헤인즈는 『텍스트북 잘 쓰는 법』에서 저자가 자신이 답하고 있는 질문을 명확히 이해하지 못한 채 글을 쓰는 경우에 개념적 난해성이 발생한다고 지적했다. 실제로 얼마나 많은 초고들이 그러한가? 대부분의 초고는 최초의 질문을 잊어버린 채 예상치 못한 상념과 기억을 따라 낯선 곳을 헤매는 실수를 원고 이곳저곳에서 범하고 있다. 물론 운이 좋으면 뜻밖에 멋진 풍경을 만나기도 하겠지만, 이러한 난해성은 대체로 책의 가독성을 떨어뜨리고 독자의 몰입을 방해한다. 특정 목적의 실용서가 아니더라도 독자들은 질서에 대한 무의식적인 요구를 지니고 있기 때문에 도달해야 할 목표를 잊은 채 횡설수설하는 글은 결국 외면 받게 마련이다. 따라서 편집자는 초고에서 독서의 흐름을 방해하는 이런 방해물들을 찾아 제거하는 작업을 저자와 함께 수행해야 한다. 이때의 기준은 간단하다. 자신이 이해하지 못한 부분이 있다면 반드시 저자에게 되물을 것. "이 부분은 무슨 의미죠?" "이 내용이 왜 들어간 거죠?" 의심스러운 것은 전부 버그 리포트(Bug Report)에 쓰자.❸ 편집자가 문맥을 통해 유추해서 적당히 알아서 처리해서는 안 된다.

(지금까지 경험한 최악의 버그 리포팅은 1부에서 한쪽 팔이 잘린 인물이 4부에서 천연덕스럽게 두 팔을 휘저으며 등장한 경우였는데, 리포트를 받은 저자의 해결법 역시 최악이었다. "그냥 알아서 잘라주세요.") 저자는 이 과정에서 자신에게 주어진 질문을 다시 한번 되새기게 되고 글은 좀더 매끄러운 흐름을 갖게 된다. 고통스럽더라도 뜻이 선명해질 때까지 이 과정을 반복해야 한다. 단, 저자와 불화하는 사람으로 찍힐지도 모르는 위험은 감수해야 한다. 반대로 이런 파트너를 만난 저자는, "어따 대고 지적질이야!"라고 분노하기 전에 대표작을 쓸 수 있는 행운을 얻은 걸 감사해야 할지 모른다.

2) 적절한 난이도

저자가 오랜 집필 과정에서 최초의 질문을 놓쳤을 때와 마찬가지로, 독자가 텍스트가 답하고 있는 내용에 대한 사전지식을 갖고 있지 않을 때에도 난해성은 발생한다. 이것은 기획자가 예상독자의 수준에 따라 콘텐츠를 새롭게 설계해야 한다는 것을 의미한다. 외서를 소개하며 두 언어권 사이의 문화적 차이를 전혀 고려하지 않은 채 번역한다면, 그것은 몰입을 방해하는 모호성을 높이는 일이 된다. 어떤 분야의 초보자를 대상으로 하는 기획에서 전문용어와 은어로 가득한 딱딱한 원고를 뽑아낸다면 그 역시 처음부터 실패를 준비하는 것과 마찬가지이다. 따라서 소재 선정과 단어 선택에 이르는 모든 결정은 철저히 독자의 수준에 맞춰 이루어져야 한다. 너무 쉬워도 안 되지만 너무 어려워도 독서를 포기하게 만든다. 사실 어떤 책이 읽기 어렵다면 대부분의 경우는 작가가 충분히 정성을 들이지 않아서이다. 내용이 어려운 것과 읽기가 어려운 것은 전혀 다른 차원의 문제이다.

윌리엄 진서는 『글쓰기 생각쓰기』에서 독자가 책 속에서 길을 잃는 네 가지 경우를 설명하고 있다. 첫째, 문장이 너무 난삽해서 장황한 표현 속을 헤매다 의미를 잃어버리는 경우. 둘째, 문장 구성이 너무 조잡해서 독자가 그것을 여러 가지 뜻으로 읽어버리는 경우. 셋째, 작가가 자기 머릿속에서는 두 문장의 연결이 명확해서 연결고리를 밝히지 않고 넘어가는 경우. 넷째, 작가가 단어를 부정확하게 구사한 경우. 이중 '난삽함'이야말로 가독성을 떨어뜨려 몰입을 방해하는 대표적인 요소이다. 윌리엄 진서는 난삽함과의 싸움을 잡초와의 싸움에 비교하며, "글이 난삽하다는 것은 뜻이 같은 짧은 단어를 제쳐두고 까다로운 표현을 쓴다는 것이다. 장황한 완곡어법을 써도 문장이 난삽해진다"라고 말했다. 이런 상황들과 만나면 독자들은 처음에는 문맥을 통해 어떻게든 의미를 이어보려 노력하지만, 그런 일이 두 번 세 번 반복되다 보면 흐름은 끊어지고 배는 뒤집혀, 결국 당신이 애써 편집한 책은 내동댕이쳐질 것이다. 결국 불변의 진리는 과유불급, 무엇을 더할 것이냐가 아니라 무엇을 뺄 것이냐다. 따라서 책의 가독성이야말로 편집자의 진정한 실력이라고 할 수 있다.

텍스트의 난이도 조절에 관련해서 도움이 될 만한, 『편집이란 어떤 일인가』에서의 와시오 켄야의 말을 들어보자. "나는 저자에게 다음과 같은 주문을 하곤 했다. 장을 열 때는 가장 아래(쉽게, 재미있게)에서 시작하여 서서히 오르막을 향해 올라가 달라고 한다. 어렵게까지 올라가는 건 괜찮지만 다음 장을 열 때는 쉽게 시작해달라고 한다. '출발은 무조건 쉽게'라는 원칙을 장에서도, 전체에서도 유지하면 반드시 읽기 쉬운 책이 나온다."

3) 즉각적인 피드백

콘텐츠 설계에서 플로우를 이야기할 때, 우리의 기본 가정은 독자들이 책을 앞에서부터 뒤로, 물이 흐르듯 순차적으로 읽어나간다는 전제로부터 출발한다. 따라서 여기서는 독자들의 띄엄띄엄 읽기(Skip), 스치듯 읽기(Skim), 뒤에서부터 읽기 따위의 예외적인 독서패턴은 논외로 한다. 이런 전제에서 보면 평균적인 독자들이 기대하는 것은 첫 문장이 독자의 손을 잡고 둘째 문장으로 데려가고, 둘째 문장이 셋째 문장으로 끌고 들어가는 이야기 연쇄의 선형성(Linearity)을 갖춘 글이다. 일단 이렇게 독자가 이야기의 큰 흐름 속으로 끌려 들어가게 되면 그 이후에는 잠시 다른 이야기가 전개되더라도 다시 큰 흐름과 합류할 때까지 독자는 인내심을 갖고 읽어나가게 된다. 자신이 하는 일이 잘되어 가는지 알 수 없을 때 진정한 몰입은 일어나지 않는다. 그러나 피드백이 즉각적인 독서는 책의 진행과 함께 새로운 정보가 쌓이면서 그에 따른 성취감을 높여 준다. 피드백의 관점에서 보면, 기초에서부터 서서히 난이도를 올려가는 교재 종류의 책이나, 주인공이 경험을 통해 새로운 능력과 깨달음을 얻게 되는 성장형 스토리텔링이야말로 독자의 몰입을 가장 강력히 유도하는 콘텐츠임을 알 수 있다. 더 높이 오를수록 더 좋은 전망을 즐길 수 있으니까 말이다.

운동의 질서, 리듬

얼마 전, 이런저런 매체에 글을 쓰는 선배가 내게 간단한 퀴즈를 냈다. 여기 '영화·사진·음악·문학', 네 가지 장르의 예술이 있다. 이들을 친밀도에 따라 둘씩 짝지어 보라. 나는 시각예술 : 청각예술이라는 기준으로, 사진·영화 vs. 음악·문학을 한 덩어리로 묶었다. "이거 맞죠?" 문학도 구전되는 낭송으로부터 시작되었음을 생각하면 이런 분류는 매우 자연스러워 보였다. "대개는 그렇지. 하지만 다른 관점도 있어." 그러면서 선배는 수잔 손택의 『사진에 관하여』를 줄줄 인용하기 시작했다.

"어떤 책을 읽는 시간은 독자에게 달려 있다. 그렇지만 영화를 보는 시간은 영화 제작자가 결정하고, 영상도 어떻게 편집됐느냐에 따라 빠르거나 느리게 인식될 뿐이다. 따라서 어떤 한순간을 마음만 내키면 오랫동안이라도 볼 수 있게 해주는 사진은 영화와는 상반된 형태를 갖고 있다."

손택에 따르면 사진은 러닝타임이 정해져 있는 영화보다는 오히려 책에 더 가까운 장르이다. 따라서 러닝타임이라는 기준에 의하면, 영화·음악 vs. 문학·사진의 구도가 형성되고, 후자는 대개 책의 형태로 묶여 출판되는 장르임을 알 수 있다는 것이다. "그렇기도 하네." 그때는 심드렁하게 대답했지만 선배가 가고 나서, 나는 그 이야기를 곰곰이 생각해 보았다. 그렇다면 책은 정말 러닝타임이 없는 매체일까?

한 권의 책을 얼마의 시간을 들여 읽느냐는 전적으로 독자의 자유이다. 하지만 정해진 감상시간이 없다는 것과 책이 내재적으로 갖고 있는 흐름은 별개의 문제이다. 독서는 음악감상이나 영화감상보다 좀더 능동적인 몰입 활동이다. 따라서 흐름이 좋은 책은 한 편의 영화나 한 곡의 음악보다 더욱 강력한 몰입을 유도할 수 있다. 여기에 이 모든 것의 총합이라고 할 만한 '인터넷'이라는 매체를 더하면 어떻게 될까? 인터넷은 기본적으로 묻고—답하기의 구도 안에서 움직인다. 검색행위나 특정 사이트에 접속하는 행위 자체는 본질적으로 검색어(Keyword, 핵심질문)에 대한 해답을 찾아 나가는 과정이기 때문이다. 심지어 무작위적인 서핑조차 '즐거운 무언가를 보여다오'라는 물음에 답해가는 과정이다. 따라서 책이 인터넷과의 경쟁에서 이길 수 있는 거의 유일한 길은 바로 '몰입의 설계'에 있을지 모른다.

지금까지 살펴본 몰입의 조건을 떠올려 본다면 책의 강점은 더욱 분명해진다. 결국 중요한 것은 텍스트 내부의 자연스러운 흐름, 바로 리듬(리듬의 어원은 '흐른다'는 뜻의 동사 'Rhein'이다)을 만드는 일이다. 리듬의 가장 포괄적인 정의가 플라톤의 '운동의 질서'임을 생각해 보면, 책에서 플로우를 관리한다는 것이 얼마나 중요한 일인지를 알 수 있을 것이다. 플로우란 책에 질서를 부여하고 다시 그것을 파괴하며 자유로운 생동감을 만들어 내는 편집자의 강력한 도구이다.

3. 스타일 : 작가의 지문

KBS의 대표적인 장수 프로그램인 「TV쇼 진품명품」은 출품된 고미술품을 대상으로 전문 감정위원들이 진위 여부를 가리고 감정가를 공개하는 형식의 프로그램이다. 한번은 전문 감정위원이 병풍에 적힌 시의 기풍을 보고 작품의 주인을 추론해가는 장면을 보고 입이 딱 벌어지지 않을 수 없었다. "이런 호방한 기풍은 ○○선생 작품의 특징이지요." 서체라면 모를까 시의 기풍만을 가지고 과연 작가를 알아맞힐 수 있단 말인가? 이제 그 궁금증을 가지고 우리의 세 번째 생각도구 스타일에 대해 살펴보자.

스타일은 원래 어원적으로 '규범'과 '개성'이라는 정반대의 의미를 내포하고 있다. 라틴어 스틸루스(Stilus)에 해당하는 것으로, 납으로 된 서판에 글자를 새겨 넣는 뾰족한 철필을 의미했다. 따라서 고대 수사학에서 스타일(Style: 문체)이란 서법, 즉 글 쓰는 방법으로서 '규범적 목표'를 가리키는 개념이었다. 그러던 것이 18세기 후반부터 점점 더 개인적인 재능에 스타일을 부여하는 경향이 생기기 시작하다가, 낭만주의 이후에는 완전히 규범으로부터 떨어져 나와 개인 혹은 장르의 특징을 뜻하는 용어가 되었다.❹

'글은 곧 그 사람이다'라는 말은 바로 이런 생각을 반영한다. 이때의 스타일은 개성을 표현하는 방식으로서, 그 사람만의 독특한 분위기를 가리키는 말이다. 우리의 생각도구, '스타일' 역시 글에 나타나는 필자의 개성, 즉 '문체'를 말한다. 이것은 각자의 문장이 지적 내용이 동일하더라도 정서적 내용이 다른 경우, 그 차이는 바로 스타일로부터 비롯된다는 생각이다.

그런데 문체가 규범으로부터 일탈한 개성이라면 한 사람의 개성에 대해 누가 과연 가타부타 말할 수 있겠는가? 그렇다면 역시 스타일은 편집자가 통제할 수 없는 영역인가?

올바른 질문을 던질 수만 있다면 우리는 해답을 찾을 수 있다. "요새 뜨는 이런 스타일로 써 주세요." 이처럼 저자가 쓸 수 없는 글, 저자 스스로를 부정하는 문체의 글을 요구할 게 아니라, 이렇게 구체적으로 물어보자. "이번 책에서는 독자에게 어떤 목소리를 들려주실 건가요?" "글의 톤과 매너를 어떻게 가져가실 건가요?"

스타일을 보는 두 시선

2장에서 우리는 '편집자는 때때로 책의 흐름을 다루는 플로우 메이커(Flow Maker)가 되어야 한다'는 걸 배웠다. 가령, 한 호흡으로 읽기 힘든 긴 문장을 만났을 때, 편집자는 적절하게 문장을 나눠 책에 가독성을 높이는 리듬감을 부여한다. 하지만 그것이 저자의 의도된 표현이거나 독자를 자신의 호흡으로 끌어들이는 고도의 스타일이라면 과연 편집자의 개입은 정당한 것일까? 이것은 쉽게 대답하기 힘든 문제이다. 따라서 편집자가 글의 흐름과 함께 주의해야 할 부분이 바로 이 '스타일'의 문제다. 그래서 스타일은 어쩌면 편집자가 가장 다루기 힘든 도구일지 모른다.

이쯤에서 우리는 스타일을 보는 두 가지 시선을 구분해야 한다. 하나는 스타일은 작가 그 자신이므로 편집자가 개입할 수 없다는 관점이고, 다른 하나는 잘못된 어휘나 문장이 작가의 진정한 스타일을 드러내는 것을 방해할 때 편집자가 개입해서 도움을 줄 수 있다는 관점이다. 후자는 출판에 마케팅 전략이 도입되면서, 작가에게 적절한 목소리를 부여하고 그 톤과 매너를 조절해서 하나의 매혹적인 브랜드로 만들어 내는 일이 기획의 중요한 영역이 되면서부터 부각되었다. 기획출판에서는 작가의 '스타일'조차 상품의 영역으로 편입된 것이다. 우리가 이 글에서 중요하게 살펴볼 것도 바로 이 후자의 관점이다.

이처럼 스타일이 상품이 되면서, 책이 독자에게 주는 효과를 예상해서 작가와 조율하는, 편집자의 역할 또한 그 중요성이 커지게 되었다. 하지만 이것은 양날의 도(刀)다. 편집자의 기획력이 승하면(자신감이 충만하다 못해 넘치면) 두 가지 치명적인 폐단이 노출된다. 첫째는 세상에 나설 준비가 덜 된 미성숙의 원고를 서둘러 계약해서는 후반작업(Rewriting 혹은 Ghostwriting)에서 만회하려 든다는 점이고, 둘째는 시장의 요구라는 미명 하에, 저자의 스타일을 자기 식대로 재단해서, 스타일이 천박한 책보다 더 나쁘다는, 개성 없이 그저 매끈하기만 한 편집공산품을 만들어 버리는 일이다. 고백하건데, 나도 '현지화(Localizing)'라는 이유로 멀쩡했던 원고를 제멋대로 손을 대서 망쳐 놓은 적이 있다. 그런데 대체로 후자보다는 전자가 더 위험하다. 후자가 의욕 과잉이나 부주의, 실수, 실력 부족 등의 이유로 날이 선 저자의 연필심을 뭉툭하게 깎아 버리는 정도라면, 전자는 독자들에게 아예 다른 색 연필을 쥐어주는 것이기 때문이다. 이때 저자는 '콘셉트의 확성기'로 전락하고, 결과적으로 스타일은 실종되고 메시지만 남은 책이 만들어진다. 이것은 경쟁자보다 빨리 시장을 선점하겠다는 그릇된 욕심에서 비롯된다.

『영어 글쓰기의 기본』의 E. B. 화이트는 "어떤 필자도 오랫동안 익명으로 남을 수 없다"고 말했다. 이 말은 역으로, '스타일 없이는 어떤 작가도 오래 기억될 수 없다.'는 말로도 이해된다. 그러니 '원고의 진정한 스타일을 잘 살려 냈는가?' 이것은 편집자가 자신의 책과 필자를 위해 반드시 유념해야 할 사항이다.

팩트를 다루는 법

스타일을 앞에 두고 나는 오랫동안 모니터를 마주 보며, 침묵하다가, 외면하고는, 끝내 도망치기 일보 직전이 되었다. 눈앞에 놓인 과제의 거대함에 짓눌려 꼼짝도 못하던 나는 수많은 스타일에 압도되기 전에 먼저 하나의 스타일을 불러내서 찬찬히 살펴보기로 했다. 문체하면 누구나 자전거레이서 김훈을 떠올리겠지만, 여기서 우리는 스스로의 글을 '촌부회담체'라 불렀던 전통예술 연출가 진옥섭을 불러보자.

죽림에 누웠어도, 이룰 수 없는 것을 이룬 분들이었다. 그래서 말할 수 없는 경지를 드러내는 한마디 한마디는 그대로 뼛속에 스몄다. 심지어 상말 한마디도 예사롭지 않았다. 한번은 경망스레 주둥이를 놀리다 가까운 전라도 촌부에게 욕을 들었다. "확! 주댕이(입)를 쑤셔부러. 똥구멍까지 빠져불게." 삿대질을 하며 확! 할 때는 순간 아찔하고, 손가락에 밀린 입이 목구멍 너머로 툭 떨어져 항문까지 빠지는 상상에는 웃음을 참지 못했다. 한마디에 채찍과 당근을 겸하는 경탄할 만한 입심을 사랑했다.

　　　　　—진옥섭의『노름마치』에서「이 글은 보도자료입니다」중

진옥섭에게는 초야에 묻힌 예인들의 삶을 기록하는 자신을 '소몰이 시위'에 나서는 '늙은 총각'이라 부르는 능청스러움과 유머가 있다. ('소몰이 시위'란 진옥섭이 자신이 쓴 보도자료에서 소뿔처럼 생긴 수많은 인용부호들을 보고는 놀라서 쓴 표현이다.) 이것은 그가 인터뷰에서 취재한 팩트(Fact 사실)들을 소뿔(큰따옴표와 작은따옴표)로 다루는 과정에서 얻은 스타일이다. 그런데 취재 과정에서 인터뷰어(Interviewer)가 가진 '보여주고 싶은 욕구'와 인터뷰이(Interviewee)가 가진 '숨기고 싶은 욕구' 사이의 투쟁은 한편의 글 안에서도 존재한다. 그의 스타일은 어쩌면 그런 외적인 싸움과 내면의 싸움 끝에 얻어진 결과물일지 모른다. 또 더 멀리로는 그가 사랑해 마지않던 촌부들로부터 감염된 문체이기도 하다. 누구나 사랑하면 그 대상을 닮게 마련이니까.

촌부들의 적나라한 상말을 듣고, 누구는 인상을 찌푸리고 누구는 웃음을 터뜨린다. 똑같은 사실을 두고도 우리는 이렇게 서로 다른 것을 본다. 스타일이란 이처럼 팩트를 대하는 자신만의 시각에서 비롯된다. 그래서 자신의 스타일을 갖고 있는 작가들 중에는 저널리즘 영역의 글쓰기에서 오랜 시간 단련된 사람들이 많다. 왜냐하면 자신을 드러내는 것은 팩트를 다루는 자신감으로부터 시작되기 때문이다.

자신 없는 이야기를 할 때 저자는 주저하고, 말끝을 흐리고, 수많은 인용과 재인용의 뒤로 숨는다. 이처럼 수시로 자신을 잃고 움츠러드는 저자를 대신해서 편집자는 때때로 '팩트 체커(Fact Checker)'로서의 역할을 수행해야 한다. 진옥섭이 소뿔을 잘라내서 (인용을 풀어서), 뜨거운 육성을 차가운 문장으로 만들고, 특수용어를 보통말로 대치하는 작업을 했듯이, '가져온 글'과 '저자의 글', '팩트'와 '주장'을 구분해서 저자의 진정한 스타일이 잘 드러나고 있는지를 확인하면서 원고를 편집해야 한다. 팩트가 불확실하거나 보충 취재가 필요한 부분이 있다면 저자에게 확인과 추가 집필을 요구한다. 이것이 역설적으로 저자의 스타일을 강화하는 길이다.

반면, 문학작품에서 스타일은 원칙적으로 편집자의 통제 바깥에 있다. 소설가는 독자들에게 저널리스트와 정반대의 약속을 했다. 바로 '팩트'가 아니라 '진실'을 포착하겠다는 것. 저널리스트가 팩트를 있는 그대로 '드러내는(Show up)' 방식으로 접근할 때, 소설가는 캐릭터와 플롯을 통해서 '이야기하기(Storytelling)'를 선택했다.❺ 소설가의 문체는 허구의 자유로움 속에서 좀더 정교하게 작품 속으로 녹아든다. 따라서 소설가에게 문체란 작품 그 자체가 되기도 한다. 이때 편집자의 역할은 작가를 격려하고 그의 빛나는 스타일을 발견하는 '지음(知音)'이 되는 것이다. 시끄러운 소음들 속에서 저자의 진정한 목소리를 찾는 것, 그 소리에 주파수를 맞추는 것, 이것이 편집자의 또 다른 역할이다.

저자의 목소리 : 톤 & 매너

'유사 이래 최대의 불황이라는 출판계'에서 누군가 편집 일을 하겠다고 하면, 나는 '도시락을 싸 가지고 다니면서 말릴 것'이다.

이 글에서 어떤 목소리를 듣는가? 이 문장은 분명한 뜻을 전달하고 있지만, 내게는 아무런 감정도 전달하지 못한다. 이 문장에는 두 개의 클리셰가 사용됐다. 클리셰(Cliché)는 원래 서적을 인쇄할 때 사용하는 연판을 가리키는 프랑스어인데, 말 그대로 '판에 박힌 문구'라는 뜻이다.❻ 이런 상투어는 나름의 기능(특정 장르를 환기시키는 기능)을 하지만, 저자의 스타일을 드러내는 데는 별다른 역할을 하지 못한다.

독자들에게 분명하게 다가서기 위해서 저자는 책의 목소리를 정하고 적절한 톤(Tone : 전체에서 느껴지는 격조)과 상황에 맞는 매너

(Manner: 행동하는 자세)를 선택해야 한다. 저자의 생생한 목소리가 살아 있는 원고를 대하면 매력적인 친구를 만난 듯 기분이 좋아진다. 편집자에서 신나는 독자 모드로 돌아서는 것이다. 반면, 클리셰로 가득한 진부한 글은 편집자를 상말을 서슴지 않는 포악한 교정전문가로 만든다. 왜냐하면 그곳에는 작가의 영혼이 함께하지 않기 때문이다. 반면, 문체가 살아 있는 생생한 글을 대할 때면, 바로 옆에 작가가 있는 듯 저절로 조심스러워진다. 문체란 이렇듯 글에 지문처럼 남는 것, 감추려 해도 주머니를 뚫고 나오는 송곳처럼 스스로를 드러내는 것, 부인할 수 없는 '저자의 영혼'이다.

나는 「무한도전」을 즐겨 보는데 '캐릭터 버라이어티'라는 장르가 탄생하는 과정을 옆에서 지켜보았다는 뿌듯함 때문에 더욱 애정이 간다. '대한민국 평균 이하의 남성들이 무모한 도전을 한다.'는 설정 하나로 시작된 이 프로그램은 진화를 거듭하며 성장해왔다. 주요 시청 포인트는 동일한 상황에 반응하는 다양한 캐릭터 스타일을 보는 즐거움에 있다. 이처럼 스타일은 사회적 관계 내에서 확인할 수 있는 차이(형식)로 드러나는 한에서 인식 가능한 것이다. 시청자들은 '개성' 없는 캐릭터를 외면하지만(실제로 초기 출연자 중 많은 사람들이 퇴출되었다.) 사회적으로 용인할 수 있는 '규범'의 한계를 벗어나는 캐릭터 또한 받아들이지 않는다. 앞에서 살펴본 어원이 말해주듯이 규범과 개성의 길항작용 속에 스타일은 존재한다.

스타일과 관련된 한 가지 진실을 말하자면, 개성을 찾기 위해 규범을 학습하러 나선 많은 사람들은 결국 자신이 개성을 찾고 있었다는 사실조차 까맣게 잊어버리고 만다는 것이다. 아, 슬프다!

4. 스토리 : 어느 이야기꾼의 이야기

얼마 전 가족들과 함께 남한산성에 오를 기회가 있었다. 처음에는 모두들 그냥 근처 식당에서 닭백숙이나 끓여 먹고 내려갔으면 하는 눈치였다. 그때 나는 소설가 김훈이 『남한산성』을 쓰기 위해 이곳을 얼마나 오르내렸는지, 또 행궁 터를 복원하면서 병자년의 유물들이 얼마나 많이 나왔는지를 거짓말을 보태가면서 늘어놓았다. 그러자 어머니가 발걸음을 서두르면서 말씀하셨다. "빨리 올라가자. 그 이야기를 들으니까 걸음에 힘이 들어가네." 결국 우리는 행궁을 거쳐 서장대까지 둘러보고 내려왔다. 이야기는 감정을 움직인다. 이것이 바로 스토리텔링 전략이다.

스토리텔링 전략

스토리를 다루겠다고 했을 때 어떤 후배가 그게 작가의 도구이지 어째서 편집자의 도구냐고 반문해왔다. 사실 그 점은 콘텐츠 설계의 도구들을 다루면서 내내 느꼈던 문제여서, 나는 이 기회에 그 부분을 명확히 해두지 않으면 안 되겠다고 생각했다. 나는 왜 편집자가 스토리를 다루어야 하는지 후배에게 몇 가지 이유를 들어 설명했다. 첫째, 이 글에서 우리는 편집자에게 설계자로서의 자격을 부여했으며, 스토리텔링이야말로 콘텐츠 설계의 가장 중요한 전략이라는 것. 둘째, 편집자가 평소 스토리에 대한 공부가 없다면 수많은 태작과 모작들 속에서 정작 혁신적인 작품을 만났을 때 어찌 알아볼 수 있겠느냐는 것이다. 그러니 공공의 소유물을 놓고 다투려는 부질없는 노력은 그만두고, 한 권의 책을 상상하면서 다양한 생각도구들을 가지고 즐겁게 놀아 보자. 도구는 수단일 뿐 목적이 아니지 않는가? 우리의 네 번째 놀이도구는 '스토리'다.

스토리에 대한 무수한 정의들 중 편집자에게 유용한 정의는, "이야기란 우리가 사실을 기억하는 방식이다"라는 다니엘 핑크의 명쾌한 진술로 보인다. 그러니까 이 정의에 따르자면, '이야기 (Story)' 그 자체보다 '이야기하기(Storytelling)'라는 전달 방식이 더 중요한 것이다. 왜냐하면 스토리를 사용하면 더 잘 기억하게 만들 수 있고, 기억하게 만들면 더 쉽게 설득하고 퍼뜨릴 수 있어, 결국 수많은 가치들이 벌이는 전쟁에서 살아남을 수 있기 때문이다. 결국 이야기란 '나는 팩트(사실)로부터 어떤 진실(허구적 진실)을 보았다'는 '가치에 대한 진술'이며, 따라서 당신이 '먹히는' 이야기를 만들어 냈다면 그것은 시장에서 당신이 만들어 낸 가치 또한 받아들여질 것임을 의미한다. (쉽게 말해 대박을 터뜨릴 거라는 말이다.) 이런 정의를 인정한다면 당신은 당신의 책에 반드시 이야기를 담아야 한다.

2006년 이후 한동안 봇물처럼 터져 나온, 소위 스토리텔링형 자기계발 우화들이 모두 이런 전략을 구사했다. 가령, 『핑』은 저자가 우연히 신문기사에서 본 변종개구리라는 팩트로부터 출발해서(이것 자체도 페이크다큐멘터리 형식의 차용인 듯하다) '황제의 연못을 찾아 떠나는 개구리'라는 스토리를 통해 인생에 대한 진실의 일단을 포착한 것이고, 『마시멜로 이야기』 또한 스탠퍼드 대학의 심리실험이라는 팩트로부터 출발해서 '어느 운전기사의 인생 역전'이라는 스토리 속에 저자가 생각하는 성공의 진실을 담았다. 그런데 2010년 현재, 자기계발 우화는 더 이상 '먹히지' 않는 듯 보인다. 왜일까? 멘토와 멘티가 등장해서 자기계발의 원칙들을 중얼중얼 늘어놓는 전형적인 구조에 독자들은 식상함을 넘어 불쾌감까지 느끼게 되었고, 출판사나 작가들도 이런 상투성을 극복하려는 노력 없이 과거의 성공 패턴만을 답습해왔기 때문이다. 하지만 정작 문제의 본질은 지금까지의 성공우화가 말하던 가치가 더 이상 작동하지 않게 된 외부 환경의 변화에 있는지도 모른다. 따라서 중요한 것은 지금 우리에게 필요한 가치가 무엇이고, 그것을 들려주기위해 어떤 내러티브(Narrative 서사)를 채택해야 할지이다. (스토리라고 하면 허구적 작품만을 떠올리는데 논픽션에도 이야기는 항상 존재함을 기억하라.) 이 모든 것이 바로 스토리텔링 전략이다.

플롯 : 이야기 열차

움베르토 에코는 '한 수도사를 독살한다'는 막연한 아이디어에 자극을 받아 『장미의 이름』을 쓰기 시작했다고 한다. 이야기에 대한 우리의 열정은 근원적인 것이라서 한 편의 이야기를 시작하는 데는 이 정도만으로도 충분하다.[7] 그것은 앞서 우리가 책의 흐름을 다루면서 언급한 '무엇에 답하는 책인가'에 대한 것, 즉 '콘셉트'의 문제이자, 책 전체의 흐름을 결정하는 이야기 구성, 즉 '스토리텔링 전략'으로 이어지는 문제이기도 하다. 무슨 일이 있었나? 왜 그런가? 이야기가 시작되면 독자들은 스스로 끊임없이 질문하고 답을 찾아나간다. 따라서 콘셉트가 같다 하더라도 작품이 독자에게 말을 거는 방식, 스토리텔링 전략에 따라 전혀 다른 결과물이 나오게 되는 것이다. 그래서 그 고민의 역사는 깊고도 넓다.

아리스토텔레스가 『시학』에서 제시한 비극의 여섯 가지 요소는 플롯, 캐릭터, 사상, 어법, 음악, 무대장치인데, 이중 가장 중요한 것은 '사건의 결합' 즉, '플롯(Plot)'이라고 말했다. 플롯을 이해하기 위해서는, 앞 차량이 뒤 차량을 끌고 가는 이야기 열차를 생각하면 쉽다. 차량 한 칸 한 칸은 바로 하나의 사건들이고, 차량을 엮어 주는 강력한 동인은 바로 플롯이다. 이 플롯 덕분에 작가는 선형적인 시간의 흐름을 극복하고 이야기를 조절할 수 있는 힘을 얻게 된다. 이 열차가 독자를 어디로 끌고 갈지는 작가의 몫인데, 그 목적지가 바로 책의 주제이자 콘셉트다. 열차에 앉은 독자들은 낯선 곳으로의 여행을 기대하며 가슴이 두근거리기 시작한다. 마찬가지로 좋은 이야기를 대할 때 독자들은 새로운 세계로의 여행에 기꺼이 동참하려 하고 그 세계의 규칙을 알기 위해 노력한다.

열차의 승객이 되는 일도 즐겁지만, 열차를 운전하는 일은 더욱 뿌듯하다. 그래서 지금부터 우리는 '한 소년이 국경을 넘는다'는 착상으로부터 출발하는 이야기 열차를 직접 운행해 볼 것이다. 중간중간 열차를 세워서 새로운 차량을 연결하고 점검하는 과정에서 네 번째 생각도구 '스토리'에 대한 다양한 관점들을 자연스럽게 살펴볼 수 있을 것이다.

七日夜話 : 어느 이야기꾼의 이야기

1장

이것은 세상 최고의 이야기를 찾아 국경을 넘은 어떤 소년에 대한 이야기이다. 평소 사람들을 깜짝 놀라게 할 이야기를 찾겠노라 입버릇처럼 말하던 소년은 어느 달 없는 밤, 쌀 한 말과 닭 한 마리를 가지고 몰래 집을 나섰다. 그날따라 마을의 짐승들도 울지 않았다. 다음날 아침, 사람들은 소년이 사라진 걸 알았다. 그리고 그들은 소년과 함께 사라진 것이 무엇인지 깨달았다. 집집마다 식탁 위의 이야기꽃이 시들어 버린 것이다.

소년은 일주일 만에 돌아왔다. 마을에는 다시 이야기꽃이 피었다.

"그래 국경 밖에서 어떤 재미난 이야기를 가져왔니?"

"시시해. 온통 시시한 사람들밖에 없었어. 이래서야 어떻게 세상이 놀랄 이야기를 만들 수 있겠어?" 실은 국경 밖은커녕 마을 뒷산에서 쓸데없는 공상으로 시간을 보내다 내려왔지만 소년은 시치미를 뚝 떼고서 말했다.

"왜 이야기꾼이 해야 할 고민을 네가 하고 있니?"

"아니, 내가 고민하지 않으면 그들이 훌륭한 이야기를 가지고 왔을 때, 어찌 알아볼 수 있겠어?"

소년이 국경 밖에서 돌아왔다는 소문이 나자 많은 이야기꾼들이 소년의 집으로 몰려왔다.

"자네가 오기를 기다렸다네. 이건 어떤가 한번 들어보게. 국경 밖에서도 먹힐 것 같은가?"

소문은 효과가 있었다. '거짓말을 해서 안됐지만, 덕분에 좋은 이야기를 건질 수도 있겠어.' 소년은 쾌재를 불렀다. 그런데 찾아온 이들 중에는 나쁜 소식을 갖고 온 이들이 있었다.

"내 이야기보따리를 돌려주게. 약속한 5년이 지났으니까 말이야. 자네에게 더 이상 보따리를 맡길 순 없지. 이번에는 돌아왔지만 자네 부친처럼 또다시 국경 밖으로 사라져 버릴지 모르는 일 아닌가."

소년은 간곡히 만류했지만 이야기꾼들은 돌려받은 보따리를 들고 흥행사에게로 몰려가 버렸다. 가장 유명한 이야기꾼 몇이 그렇게 떠나 버리고 나니, 소년은 이제 먹고살 걱정을 해야 할 지경이 되었다. 소문이 순식간에 퍼지면서 이제는 아무도 소년에게 이야기를 사려고도 팔려고도 하지 않았다. 날이 갈수록 가

세는 기울었고, 마침내 채권자들이 몰려와 그에게 최후통첩을
했다.

"일주일의 시간을 주겠네. 그때까지 성공할 만한 이야기를 보여
주지 않으면 자네의 집을 처분할 수밖에 없네. 자네 부친을 생각
해서 마지막으로 기회를 주는 거네. 명심하게! 딱 일주일이야!"

이렇게 해서 마침내, 소년은 5년 전 그의 아버지가 그랬던 것처
럼 진짜 국경을 넘게 되었다. 마지막 남은 닭 한 마리가 그가 지
닌 전 재산이었다. "반드시 최고의 이야기를 찾아 돌아올 거야!"

여기까지가 1장이다. 이 스토리는 로널드 토비어스가 『인간의
마음을 사로잡는 스무 가지 플롯』에서 분류한, 전형적인 '추구'의
플롯으로 진행되고 있다. 『길가메시』에서부터 『돈키호테』, 『오즈
의 마법사』에 이르기까지. 추구의 플롯은 세상에서 가장 오래된
플롯이다. 등장인물은 추구에 의해 변하며, 찾고 있는 것을 얻느냐
실패하느냐에 따라 큰 영향을 받는다.

독자들은 1장을 읽으며 주인공의 처지가 좋은 상황(+)에서 나
쁜 상황(−)으로 변하는 걸 지켜보았고, 캐릭터와 작품 속 세계에
대한 정보를 축적해 나가면서 마침내 주인공이 원하는 걸 얻게 될
것인지 궁금해지게 되었다. '소년은 과연 최고의 이야기를 찾아서
집을 지켜낼 것인가?' 어느새 이야기 속으로 끌려 들어온 것이다.
이처럼 1장이 끝날 때까지 이야기가 무엇에 답하고 있는지 독자들
의 마음속에 핵심 질문을 심지 못한다면, 승객들은 목적지에 도착
하기도 전에 당신의 열차에서 뛰어내리고 말 것이다.

2장

첫째 날, 유랑극단

소년은 막상 어디로 가야 할지 알 수 없었다. 국경의 길가에는 바람 따라 구르는 먼지 공들뿐이었다. 마침내 언덕 위에 오르자, 소년은 저 멀리로 솟아오른 천막의 지붕을 볼 수 있었다. 그 아래에는 많은 사람들이 모여 있었다.

"그래! 사람들이 모여 있는 곳에는 항상 이야기가 있지."

소년이 그곳에 도착하니, 이제 막 유랑극단의 공연이 시작되려 했다. 소년은 천막 뒤의 개구멍으로 몰래 숨어들었다. 무대장치 아래쪽에는 먼저 자리잡은 한 소녀가 있었다. 소년은 소녀의 옆에 쭈그리고 앉아서 연극을 지켜보았다. 무대보다 오히려 객석이 더 잘 보이는 자리였다.

연극은 가관이었다. 등장인물들은 상투적인 대사들을 주고받았고, 표현하기 곤란하다 싶은 사건은 레치타티보로 어물쩍 넘기더니, 극이 막바지에 이를 즈음에는 제우스 분장을 한 사람이 무대 위에서 곤돌라를 타고 내려오기 시작했다.

"데우스 엑스 마키나."

소년은 뜻 모를 말을 하는 소녀를 쳐다보았다.

"그게 뭐야?"

"뭐긴, 기계에서 내려오는 신이지. 보라고, 이제 제우스가 기적적으로 주인공을 구하고 연극을 끝낼 거야."

과연 연극은 소녀의 말대로 관객을 우롱하는 방식으로 끝이 났다. 하지만 객석을 떠나는 관객들의 반응은 예상과 달랐다. 행복한 표정이지 않은가?

"저게 바로 드라마 효과야. 드라마란 일상과 싸우는 거지. 매주

한 자리에 모여 공연을 보면서 함께 웃고 욕하면서 일상과 싸우는 것이 바로 저들 삶의 한 형식인 거야. 그렇게 또 한 주를 보내는 거지."

"그런데 넌 누군데 이곳에 숨어 있니, 보아 하니 이야기를 줄줄이 꿰고 있던데."

"내가 저 극을 썼거든. 난 이곳에서 내 이야기에 대한 관객들의 반응을 보고 있었어."

소년은 자기 작품의 약점을 알면서도 고치지 않는 소녀가 이해가 되지 않았지만 더 이야기를 나눌 시간이 없었다.

"미안해. 난 일주일 안에 최고의 이야기를 찾아야 해서. 안녕!"

"뭐? 최고의 이야기를 찾아 떠난다고? 내가 찾던 게 바로 그거야! 나도 같이 가자!"

첫째 날, 소년은 이야기를 찾지는 못했지만 뜻밖의 엉뚱한 동행을 얻게 된다. 여기서 '레치타티보'는 오페라 등에 쓰이는 창법으로, 스토리 전개를 설명하는 대사도 아니고 노래도 아닌 서창(敍唱)을 말한다. 누군가 '장기하와 얼굴들'의 노래를 레치타티보로 설명하는 걸 들었는데, 한 편의 이야기를 떠올리게 만드는 노랫말들을 생각해 보면 일리 있는 해석이다. '데우스 엑스 마키나(Deus Ex Machina)'는 고대 그리스와 로마의 연극에서 시기적절하게 신이 등장해서 극의 플롯을 해결해 버린 데서 유래한 말이다. 인과성과 필연성을 중시하는 현대 연극과 소설에서는 삼류기법의 대명사로 간주되었다.[6] 이것들을 구구절절하게 설명한 이유는 이것이 앞서 살펴본 스토리텔링형 성공우화들의 실패를 설명하는 중요한 단서가 되기 때문이다. 이야기가 사건의 단단한 결합을 통해 스스로 말하도록 해야 하는데, 단순히 저자의 메시지를 들려주기 위한 도구로 전락해 버리면 마음을 움직이는 '감동'은 빠져나가고 '주장'만 남게 되는 것이다. 이제 이 문제를 극복하기 위한 작가들의 오랜 분투의 역사를 살펴보기로 한다. 물론 우리의 이야기 열차 또한 계속 전진할 것이다.

혁신적인 디자인기업 IDEO의 대표 톰 켈리는 『이노베이터의 10가지 얼굴』에서 스토리텔링의 규칙을 다음과 같이 간명하게 제시하고 있다.

첫째, 이야기의 총체적 진실을 유지하라. 총체적 진실이란 부분적 진실과 구분되는 것으로 가령, "타이타닉 호는 처녀항해에 나섰고 7백 명의 승객들이 뉴욕에 도착했다." 이것은 부분적으로만 진실이다. 여기에는 수많은 왜곡이 있다. 반면, 총체적 진실이란 진정성을 갖추고 있다. "타이타닉 호는 뉴욕으로의 처녀항해 중 1천 5백 명의 희생자를 낸 사상 최대의 해난 사고와 함께 침몰했다." 이것이 바로 스토리텔러가 그려 내야 할 총체적 진실이다. 스토리텔러가 자신의 한쪽 눈을 감아 버리고 부분적 진실에 안주한다면 이야기는 메시지의 선전 도구로 전락해 버린다. 시장에서 썰물처럼 빠져나가 버린 스토리텔링형 자기계발 우화들을 생각해 보자. 요컨대 그것은 형식의 실패가 아니라 진정성의 문제인 것이다. 부분적인 진실을 절대적인 것처럼 포장하는 몰염치와, 진실을 말하면 외면당할지 모른다는 우리의 조바심과는 달리 사람들은 총체적 진실과 부분적 진실의 차이를 금방 알아본다.

둘째, 재미있게 전달하라. 모든 작가들의 난제는 언제나 '스토리가 무엇이냐'가 아니라 '스토리를 어떻게 전달할 것인가'였다. 『드림 소사이어티』의 저자 롤프 얀센은 이에 대한 간단한 해법을 제시한다. 반드시 갈등을 포함할 것. 그리고 그것을 어떻게 해결했는지 말할 것. 그러니까 당신의 이야기, 보고서, 혹은 기획안을 재미있게 만들고 싶다면, 당신은 그것을 '갈등—해결'의 구조로 만들어야 한다. 아리스토텔레스 이래 '고전적 설계'의 옹호자들은 '3막이론(Three-Act-Theory)'이 왜 그토록 오랜 시간 동안 사랑받았는지를 설명한다. 좋아졌다가 나빠지거나, 나빠지거나 좋아지는 이야기만으로는 충분치 않다는 것이다. 다시 제3의 전환이 필요하다.❾ 그리고 그것은 기본적으로 갈등과 해결의 반복 구조를 통해 이루어진다. 우리의 이야기 속에서도 소년은 1막(처음)이 끝날 무렵, 집을 빼앗길 처지가 되어 여행을 떠났고, 2막(중간)의 여정을 통해 적대자들과 투쟁하며 추구하던 것을 얻거나 실패할 것이다. 하지만 그것만으로는 부족하다. 3막(끝)의 반전이 없다면 이야기는 독자에게 강렬한 인상을 줄 수 없다. 따라서 이야기를 읽고 난 독자의 마음 상태가 어땠으면 좋겠는지를 먼저 생각해 보고, 그 한 순간을 향해 이야기를 구축해 갈 필요가 있다. 이것이 바로 고전적 설계의 기본 전략이다.

　　셋째, 감성의 코드를 울려라. 좋은 이야기란 이성이 아니라 가슴으로 다가서야 한다. 따라서 스토리텔러는 논리적으로 설득하려 하지 말고 독자가 상황을 이해하고 공감하도록 만들어야 한다. 다니엘 핑크를 인용하자면, "논리는 일반화를 시도하고 주관적인 판단을 배제하는 반면, 스토리는 그 사이에 빠져나가 버리기 쉬운 문맥과 감정을 포착한다."

　　넷째, 사람들이 남에게 전하고 싶은 이야기를 말하라. 우리는 좋은 이야기를 들을 때면 마음의 방어를 풀고 기꺼이 받아들인다. 당연한 말이지만, 널리 확산되는 이야기는 결국 '남에게 전하고 싶은 이야기'이다.

이상으로 스토리텔링 전략에 대한 개괄을 마치고, 이제부터는 우리의 이야기 열차를 계속 타고 가며 그 구체적인 방법론을 살펴보기로 하자.

둘째 날, 이야기 공장

국경에서 조금 떨어진 마을. 한 사내가 새벽 거리를 돌며 벽보를 붙이고 있었다. 그 사내를 유심히 지켜보던 검은 옷의 남자가 사내에게 다가가 은밀한 제안을 했다.

"조만간 어떤 소년이 당신을 찾아올 것이오. 소년을 당신이 있는 곳에 최대한 붙잡아 두면 당신에게 지금 드린 만큼의 돈을 더 주겠소."

사내는 뜻밖의 거금을 받아들고서 잠시 어리둥절했지만, 이내 좋은 거래임을 깨닫고는 제안을 받아들였다.

마침내 소년과 소녀가 사내가 붙이고 간 벽보를 보게 되었다.

"이 마을 이야기 공장에서 함께 일할 작가를 모집한다는데? 그곳에 가면 최고의 이야기꾼을 만날 수도 있겠어."

"그래, 한번 가보자."

소녀는 그 전에 사람들의 불필요한 관심을 끌기 싫어 남장을 하기로 했다.

그들을 맞이한 이야기 공장의 사내는 찾아온 소년이 두 명인 데 놀랐지만, 두 사람 모두 붙잡아 두기만 하면 되었으므로 거짓으로 환대했다.

"최고의 이야기를 찾으러 왔다는 말이오? 그렇다면 두 분 모두

이곳에 견습생 신분으로 머물면서 우리와 함께 작업을 해보는
게 좋겠소. 마침 이웃 궁정에서 방대한 이야기를 주문받아 짓고
있었다오."

사내는 두 사람을 건물 안에 있는 구석진 방으로 데리고 갔다. 방
문에는 〈이야기에 나오지 않는 이야기〉라는 문패가 걸려 있었다.

"이곳은 어떤 방이죠?"

소년이 묻자 사내는 어깨를 으쓱하며 대수롭지 않게 말했다.

"말 그대로지, 뭘. 완성된 이야기에는 소개되지 않지만 캐릭터
의 배경이 되는 이야기들을 만드는 곳이지. 바로 자네들이 일할
곳이네. 설마 자네들이 보고 듣는 이야기 속 주인공에게 이야기
밖의 삶이 없다고는 생각지 않았겠지?"

"아니, 그런 걸 무엇하러 만들어요? 설정만 하면 되는 거지. 어
차피 작품에 필요한 건 주인공의 삶에서 선택된 극적 사건일 뿐
이잖아요."

소녀는 불쑥 말하다가 새된 목소리가 나오자 황급히 굵은 목소
리로 마무리했다. 사내는 소녀를 물끄러미 바라보았다.

"밖에서 안으로 쓸 때는 그렇겠지. 하지만 안에서 밖으로 쓰기
위해서는 캐릭터에 대한 가능한 모든 것을 알아야 해. 자네들은
이곳에서 이번 이야기 속 주인공들의 에피소드를 좀더 풍성하게
만들도록 해보게. 괜찮은 소재가 나온다면 이야기에 반영될 수
도 있고 삯도 쳐줄 것이네."

그리하여 소년과 소녀는 이야기 공장의 견습작가가 되어 이웃나
라 궁정에 납품하기로 한, 이야기에 나오지 않는 이야기를 만들
게 되었다.

둘째 날 이야기에서는 데이비드 하워드가 『시나리오 마스터』에서 설명한 '드라마틱 아이러니' 상황이 등장한다. 이것은 캐릭터가 알고 있는 것과 독자가 알고 있는 것을 분리시키는 것으로 스토리텔링의 중요한 기법이다. 소년 소녀는 자신들을 곤경에 빠뜨릴 덫이 기다리고 있는 줄도 모른 채 제 발로 이야기 공장으로 들어간다. 캐릭터에게 어떤 일이 벌어질지도 모른다는 가능성에 대한 독자의 두려움에서 극적 긴장감은 발생한다. 이처럼 누가 무엇을 알 것인가의 선택, 그리고 캐릭터의 체험 중 어떤 것을 우리가 공유할 것인지의 선택이야말로 스토리텔링의 핵심 뼈대라고 할 수 있다. 가령, 여기서 다시 우리가 소녀에게 소년은 모르는 비밀을 부여한다면 캐릭터들이 가진 정보의 비대칭성으로 인해 극적 긴장감은 더욱 고조될 수 있다.

『시나리오 어떻게 쓸 것인가』에서 로버트 맥기는 "모든 상투성의 근원을 추적해 올라가다 보면 단 한 가지 원인에 도달하게 된다. 작가가 자신이 쓰고 있는 이야기 안의 세계를 모르고 있다는 것이다"라고 말했다.[10] 이야기 공장의 사내가 말하는 '안에서 밖으로 쓰기'란 바로 이런 상투성과의 전쟁을 치르면서 나온 개념이다. 다루는 세계가 넓어질수록 세계에 대한 작가의 지식은 엷어지고 그에 따라 이야기의 상투성은 늘어나게 된다. 반면, 작품 속 세계에 대한 작가의 지식이 완전한 것이 되면 될수록 이야기는 자연스럽게 '안에서 밖으로' 쓰여지게 된다. 따라서 창조적 한계를 설정해서 좁고 알아볼 수 있는 세계를 창조하는 것이 잘 짜인 이야기를 향한 첫걸음이 된다.[11] 그런 점에서 시공간이 분명치 않고 두루뭉술하게 처리된 우리의 이야기는 상투성과의 전쟁을 치르는 데 있어 크게 불리한 위치에서 출발한 것이다. 엄밀하게 말해 모든 이

야기는 '그 시간의 그 공간'에서만 일어날 수 있는 일이 되어야
한다.

셋째 날, 갈등 설계실

다음날, 소년과 소녀는 자신들의 방을 빠져나와 공장 안을 돌아
다니며 최고의 이야기꾼을 찾아보기로 했다. 한참을 헤매던 두
사람은 〈갈등 설계실〉이라고 써 붙인 명패 앞에서 걸음을 멈추
었다. 문을 열고 들어서자 한 노인이 거대한 백지 위에 앉아 정
신없이 글을 써내려가고 있었다.

"저, 실례가 안 된다면……."

소년이 말을 마치기도 전에 노인이 호통을 쳤다.

"실례야! 방해하지 마라! 나는 이야기가 충분히 무르익지 않으
면 펜을 들지 않아. 지금이 바로 그때란 말이다. 나는 그저 쏟아
져 나오는 이야기를 받아 적기만 하는 거지……."

"아, 실례가 많았습니다."

소년은 소녀의 손을 잡고 노인의 방을 빠져나오려 했다.

"잠깐! 너희들의 여행에 대해서는 들어서 알고 있었다. 최고의
이야기를 찾아 나섰다고? 헛수고 말아. 최고의 이야기를 만드는
비밀 따위는 없어. 괜한 노력하지 말고 어서 떠나라. 어떤 견습
생도 이곳에 들어와서 〈이야기의 방〉까지 올라간 것을 보지 못
했어. 대부분 자네들처럼 아이디어만 토해 내다가 그것마저 고
갈되면 비참하게 버려지고 말았지. 6개월을 버티는 자를 보지
못했어. 아참! 딱 한 명이 있었지. 5년 전에 국경 밖에서 넘어온
자였는데 무려 3년을 버티다가 나갔지. 하지만 그도 결국 〈플롯
의 방〉에서 좌절하고 말았어. 최고의 이야기를 만드는 공식 따

위는 없다는 걸 깨달은 게지."

소년은 충격으로 가슴이 울렁거리기 시작했다. 소녀의 손에 이끌려 방을 빠져나오고 나서도 한참을 멍하니 있었다.

"저 노인네의 말은 잊어버려. 비밀을 알려주기 싫어서 저러는 거야. 이곳에는 방마다 진기한 이야기가 가득해. 어쩌면 정말 최고의 이야기가 숨어 있을지 몰라."

소녀는 희망에 부풀어 있었다. 반면 소년은 5년 전 국경 밖에서 왔다는 한 남자에 대한 생각으로 미칠 것만 같았다.

"미안하지만 나는 나가야겠어. 최고의 이야기는 이곳에 있지 않아."

"뭐라고? 아직 보지 않은 방이 저렇게나 많은데? 최소한 〈이야기의 방〉에는 들어가 보고 나서 판단해."

"내게는 그렇게 많은 시간이 없어. 그리고 내 느낌에는 그곳에도 최고의 이야기는 없을 것 같아. 나는 좀더 여행을 해야겠어."

소년은 소녀와 헤어져 공장을 빠져나가려고 했지만 문은 밖에서 굳게 닫혀 있었다. 소년은 비로소 자신들이 감금되었다는 걸 깨달았다. 공장의 사내는 무서운 표정으로 말했다.

"이곳을 빠져나가는 방법은 단 한 가지야. 이번 이야기가 완성될 때까지 거기에 들어갈 에피소드를 만들어 내는 것. 그 전에는 어림도 없어. 두 놈 가운데 더 멋진 이야기를 만들어 내는 놈을 먼저 내보내 줄 것이다."

소년과 소녀는 사내에게 속았다는 것을 알고 서로를 쳐다보았다.

셋째 날, 소년은 복합적인 갈등 상황에 빠지는데, 자신을 공장에 감금하려는 사내와 최고의 이야기를 찾아 나선 그의 여정을 방해하는 세계, 그리고 사라진 아버지에 대한 기억을 떨치지 못하는 내면의 갈등이 그것이다. 그러니까 적대자(Antagonist)가 나올 수 있는 모든 유형이 등장한 것이다. 바로 세계와 또 다른 캐릭터와 주인공 자신.

앞서 이야기를 재미있게 만들기 위해서는 갈등—해결의 구조를 취해야 한다고 말했던 것을 기억할 것이다. 그런데 중요한 것은 캐릭터가 갈등의 순간에 어떻게 했는지, 독자를 그 순간으로 데리고 가야 한다는 것이다. 캐릭터가 결정을 내리거나 외부의 힘에 대항하는 순간에 우리가 그곳에 없다면, 그러니까 '어떻게'를 보게 되는 것이 아니라 '무엇을' 했는지를 다른 사람의 입을 통해 듣게 된다면(데우스 엑스 마키나와 레치타티보를 생각해 보자), 독자는 캐릭터와 정서적으로 분리되고 관심의 끈을 놓아 버리게 된다. 따라서 스토리텔러가 그려 내야 할 것은 캐릭터가 갈등의 순간을 맞아 행동하며 변화하는 순간들이다. 고전적 설계에서는 캐릭터의 변화를 담지 않은 장면은 엄밀하게는 불필요한 것으로 간주한다. 그러니까 우리의 이야기 열차도 바로 그런 순간들의 결합으로 단단하게 연결되도록 노력해야 한다. 정보와 메시지 전달의 도구로서 사용되고 버려지거나, 최고의 이야기를 찾아나서는 최악의 이야기로 끝나버리지 않도록 말이다.

코펜하겐 미래학 연구소장 롤프 얀센은 수많은 비즈니스 필자들에게 영감을 준 『드림 소사이어티』의 저자다. '정보사회'로부터 꿈과 감성의 '드림 소사이어티'로의 전환이 비즈니스를 어떻게 변모시킬지를 다룬 이 책은 출간 후 10년이 지난 지금 오히려 그 진가를 발휘하고 있다. 우리는 그가 예견한 대로 전설, 의식, 이야기의 가치가 인정되며 물질적 풍요가 더 이상 삶의 전부가 아닌 사회에 살고 있다. 드림 소사이어티에서는 자신을 나타낼 수 있는 이야기를 구매해서 자신을 정확하게 표현할 수 있는 사람이 바로 부자다. 결국 "가장 훌륭한 이야기를 가진 전사가 세계시장을 지배한다"는 그의 주장은 사실로 입증되었다.

하지만 책을 만드는 우리에게는 실망스러운 이야기가 남아 있다. 드림 소사이어티는 도래했으나 이야기를 갈망하는 인간의 본성이 책이나 영화 등으로 표현되는 것이 아니라 실질적인 소비상품으로 전이되고 말았다는 사실이다. 결국 스토리는 모두의 자원이 되었고 시장은 스토리텔러들의 격전장이 되었다. 이야기의 시대가 도래했음에도 책은 오히려 궁지에 몰리고 만 것이다. 고객들은 매일 마주치는 수많은 매체를 통해 이야기를 듣고 있다. 그럼에도 사람들은 재미있는 이야기가 없다고 말한다. 지금은 과연 이야기 빈곤의 시대인가, 아니면 과잉의 시대인가? 이 질문에 대답하기 위해서는 '원형과 전형'의 개념으로 무장해야 한다. 로버트 맥기는 "원형적 이야기는 현실의 구체성으로부터 보편적 인간 경험을 들어올린 후 개성적이고 독특한 문화적 특성을 담고 있는 표현으로 내부를 채우는 데 반해, 전형적 이야기는 그 내용과 형식 모두에서 빈곤에 허덕인다"고 말한다. 그러니까 넘치는 건 몰개성적이고 뻔한, '전형적인 이야기'들이고 부족한 건 인간 보편성을 드러내는 '원형적인 이야기'이다. 편집자가 한 권의 책을 만들면서 고민해야 할 지점이 이 부분이다. 내 이야기는 전형적인 무엇인가, 아니면 원형적인가? 전형적인 자기계발서, 전형적인 연애심리서, 전형적인 재테크서, 전형적인 인문서를 탈피해 보자. 대신 어떤 분야든 독자들을 낯선 세계 속으로 안내하고 그 속에서 자신을 발견하게 만들자.

이제 비로소 우리의 이야기를 마무리해야 할 때가 되었다. 세상 최고의 이야기를 찾아 길을 떠난 우리의 주인공에게 돌아가 보자.

넷째 날, 탈출

하루 종일 이야기를 지어내던 소년과 소녀는 밤이 깊어지기를 기다려 탈출을 감행했다. 소년이 먼저 커튼을 이어 묶은 줄을 타고 내려갔다. 소녀의 차례가 되었을 때, 줄은 갑자기 위로 감아올려졌다.

"뭐 하는 거야?"

소년이 놀라 숨죽인 목소리로 말했다.

"너 먼저 도시로 가 있어. 곧 뒤따라갈게. 나는 이곳에 남아서 이야기의 비밀을 좀더 알아볼 거야. 그리고 어차피 이 줄이 남아있으면 금방 발각될 거야."

소녀는 소년을 내려다보며 어둠 속에서 밝게 웃고 있었다.

"지금 짓고 있는 이야기를 완성하면 너의 마을로 찾아갈게. 혹시 그때까지 갇혀 있다면 네가 와서 나를 구해줘. 창가에 흰 수건을 걸어 둘게."

소년은 소녀가 걱정되었지만 자신은 처리해야 할 일이 있었으므로 떨어지지 않는 발걸음을 옮겼다.

다섯째 날, 광장의 이야기꾼

밤이 새도록 달려온 소년은 완전히 지쳐 도시의 광장에 주저앉아 있었다. 그때 깃발을 든 남루한 차림의 노인이 나타나 작고 나지막한 목소리로 이야기를 시작했다. 무심하게 지나는 사람들

가운데 한 남자가 그의 이야기에 발걸음을 멈추더니, 마침내 그수가 늘어 광장 한쪽을 가득 메웠다. 노인은 30년 전의 국경전쟁 이야기를 하고 있었다. 지금의 국경이 어떻게 나뉘게 되었는지, 그 전쟁에서 어떤 영웅들이 나타나 활약을 했는지, 구성진목소리로 들려주고 있었다. 마침내 이야기가 끝나고 사람들은동전을 한 닢씩 던져 주고는 자리를 떠났다. 소년은 떨어진 동전을 주워 노인에게 건네며 말했다.

"어떻게 하시는 거죠? 흔한 이야기인데 사람들이 몰려와 듣고있잖아요."

"자네도 듣지 않았는가? 나는 늙은 역사가일 뿐이네."

소년은 실망해서 자리를 떠나려 했다. 그때 노인이 지나가듯이한마디를 던졌다.

"몇 년 전에도 자네와 같은 질문을 했던 자가 있었지. 흔히들 사실은 스스로 이야기한다고 하지만 그것은 진실이 아닐세. 사실은 마대와 같아서 그 안에 무엇인가를 넣을 때까지는 서 있지를못한다네."

소년은 깜짝 놀라 물었다.

"그 사람은 어떻게 되었죠? 어디로 갔나요?"

"나도 모른다네. 한 가지는 분명하지. 국경전쟁 이야기를 듣고나서 그는 크게 놀란 표정이었네. 자신이 넘은 것이 진짜 국경이아니라고 말했어. 그리곤 진짜 국경을 넘겠다 말하고는 떠났네."

소년의 마음속은 의심과 혼란으로 회오리치기 시작했다. 그렇다면 나 역시 진짜 국경은 넘어 보지도 못했다는 건가? 그는 자신이 무엇 때문에 이곳에 왔는지, 최고의 이야기란 어떤 것인지, 과연 그 이야기를 만났을 때 자신이 알아볼 수나 있을지, 모든 것에 자신이 없어졌다.

사실은 역사가가 허락할 때만 이야기한다고 말한 것은 『역사란 무엇인가』의 E. H. 카이다. 어떤 사실에게 발언권을 줄 것이며 그 서열이나 차례는 어떻게 할 것이냐를 결정하는 것은 바로 역사가 라는 주장인데, 이것은 우리가 스토리텔러에게 부여한 권한과 본질적으로 동일하다. 다만 스토리텔러에게는 사실과 관계를 맺는 감수성과 그것을 뛰어넘는 상상력을 통해 '허구적 진실'을 말할 수 있는 권한 또한 부여되어 있다. 로버트 맥기는 이렇게 말한다. "실제 사건들은 우리를 진실 근처에도 데려가지 못한다. 진실이란 무슨 일이 일어나고 있는가에 대한 우리의 견해 그 자체이다."

넷째 날, 소년은 자신의 여행 목적이 아버지를 찾는 것인지, 최고의 이야기를 찾는 것인지 혼란스러워지는 가운데 무엇이 진정 힘센 이야기인가 하는 본질적인 문제와 마주치게 된 것이다.

여섯째 날, 국수 이야기
소년은 닷새 만에 상거지 꼴이 되어 도시의 거리를 떠돌았다. 최고의 이야기는커녕 배가 고파 죽을 지경이 된 소년은 시장의 한 식당 앞에 유독 긴 줄이 서 있는 것을 보았다. 맛있는 국수 냄새가 진동을 했다. 무작정 줄을 서서 차례를 기다리고 있는데, 주인이 다가와 조용히 귓속말을 건넸다.
"이곳이 불편하실 테니 2층으로 자리를 옮기시지요."
소년은 그제야 자신의 행색을 깨닫고는 얼굴을 붉히며 주인을 따라 나섰다. 2층은 주인 내외의 살림 공간이었다.
"이곳에 잠깐 앉아 있어요."

잠시 후 주인 내외는 소년을 위해 음식을 차려 내왔다.

"실은 당신 또래의 아이들만 보면 마음이 아파서 그냥 보낼 수가 있어야지요. 국수는 많으니까 천천히 들어요."

소년은 이들 내외에게 무슨 사연이 있다는 걸 눈치챘다.

"우리 아이를 잃어버린 게 10년 전 오늘이에요. 그래서 매년 이렇게 사람들에게 음식을 대접한답니다. 우리 아이도 어디서 누군가의 호의를 받게 되기를 빌면서요."

소년은 눈시울이 뜨거워짐을 느꼈다. 지금까지 수많은 이야기꾼들을 만나 눈이 휘둥그레질 정도의 이야기들을 들었지만, 이 한 그릇의 뜨거운 국수에 담긴 이야기보다 진하지는 않았다. 소년은 사람들 모두 각자 최고의 이야기를 갖고 있다는 것을 깨달았다. 그것은 바로 자신의 이야기였다. 소년은 주인 내외에게 감사의 인사를 드리고 그 길로 고향으로 떠났다.

일곱째 날, 귀환

소년이 마을로 돌아왔을 때 마을은 적막에 싸여 있었다. 그 흔한 웃음소리나 싸움질 소리, 재잘대는 목소리 하나 들리지 않았다. 그리고 약속된 아침은 어김없이 찾아왔고 채권자들이 들이닥쳤다. 앞에는 집달관이 서고, 뒤에는 검은 옷의 남자가 따르고 있었다.

"약속된 일주일이 되었네. 자네는 어떤 이야기보따리를 가지고 왔나?"

소년은 작지만 분명하게 말했다.

"새로운 보따리는 없어요. 이 집을 가져가세요. 우리는 이곳을 떠나 새로운 이야기 가게를 시작할 것입니다. 우리에게는 새롭

게 들려줄 수많은 사람들의 이야기가 있어요. 이제부터 그들의
이야기를 시작할 겁니다."

채권자는 인상을 찌푸렸다.

"국경 밖에서 뭔가 잘못 먹고 왔나?"

"이 집과 이야기보따리들은 오늘부로 경매에 부쳐질 것일세. 내
일까지 집을 비워주게."

3장 구조를 놓고 1장은 '영감' 2장은 '기술' 3장은 '철학'이라는
접근 방식도 있다. 데이비드 하워드는 "이야기의 끝이 '철학'이라
는 것은 스토리를 끝맺는 방식이 작가의 내면에서 나오기 때문이
다. 스토리가 인류 역사상 모든 문화권에서 사랑받는 이유는 대부
분의 실제 생활방식과 달리 스토리는 유한하고 결말이 있으며 자
기 완결적이기 때문이다"라고 말한다. 스토리의 가치는 인간이 진
정으로 바라는 끝에서 나온다는 것인데, 이는 항상 행복하게 끝을
맺는다는 것이 아니라, 완전하게 끝난다는 것이다.⓬ 이제 우리 이
야기의 마지막을 선택해 보자.

3장 이야기꾼의 탄생

짐을 싸면서 소년의 어머니는 하염없이 울었다.

"이대로 떠나면 네 아버지는 어떻게 하니."

소년은 어머니의 손을 꼭 잡았다.

"걱정 마세요. 어머니. 우리는 이제 새로운 사람들과 새로운 이
야기를 얻을 거예요. 더 이상 아버지를 기다리며 과거에 붙잡혀
살지 않을 거예요. 우리는 이제 진짜 국경을 넘을 거예요."

소년은 남은 짐을 수레에 싣고 마을을 떠나기 시작했다. 마을 언덕 위에는 소녀가 환하게 웃으며 모자를 향해 손을 흔들고 있었다.

"어떻게 나온 거야? 이야기를 완성했어?"

"남장을 하지 않았더니 바로 내보내 주더라. 그곳에서 며칠을 더 보냈는데, 매일 다른 사람들의 이야기만 들여다본다고 좋은 이야기가 만들어지는 것도 아니고. 무엇보다 난 너의 다음 여행이 궁금해졌어."

두 사람은 손을 잡고 자신들의 진짜 이야기를 완성하러 떠났다. 소년이 떠나고 나자 마을 사람들은 소년과 함께 사라진 것이 무엇인지 깨달았다. 그들은 이제 더 이상 웃지도 울지도 않는다.

이야기는 이렇게 '열린 결말'로 끝이 났다. 고전적 설계였다면 제기되었던 모든 문제와 갈등이 해결되는 '닫힌 결말'이 선택되었을 것이다. 주인공은 최고의 이야기를 찾고, 5년 전 사라졌던 아버지는 절정에서 '내가 네 애비다' 하고 등장했을 테고, 검은 옷의 사내와 채권자는 응분의 대가를 받아 나쁜 상황에 빠졌을 것이다. 혹은 이 모든 모험이 아들을 단련시키려는 아버지의 의도된 계획이었을 수도 있다. 이 글의 마지막을 위해 계획된 반전은 처참하게 실패했지만, 대신 내면의 깨달음을 얻은 주인공의 모습을 강조했다. 그것이 이 이야기가 전달하는 '총체적 진실'을 담아내는 결말이라고 생각했다. 결국 누구에게나 최고의 이야기는 자신의 이야기가 아닌가?

이야기 공식

나는 2008년 내한한 롤프 얀센의 강연을 직접 들었는데, 그 자리에서 그는 다음과 같은 '이야기 공식(The Story Formula)'을 소개했다. ①당신의 스토리를 믿고 열정을 갖고 말하라. ②반드시 갈등을 포함하고 그것을 당신이 어떻게 해결했는지 말하라. ③그것은 반드시 가슴에 호소해야 한다.

이것은 앞서 설명한 스토리텔링 전략과 일맥상통하는데, 한 가지 특이한 점은 자신의 이야기에 대한 믿음과 열정을 가지라는 조언이다. 그 믿음은 "내 눈을 바라봐. 넌 행복해지고" 식의 허황된 자기 암시가 아니라 '진정성'에 대한 것이다.

롤프 얀센은 그날 강연에서 펩시와 스타워즈의 사례를 들어 이야기의 가치에 대해 설명했다. 펩시는 전세계로 팔리는 펩시콜라에 스타워즈 광고를 실어 주겠으니 광고료를 달라고 요구했다. 하지만 결과는 어땠을까? 펩시는 스타워즈 측에 오히려 로열티를 지불했다. 비슷한 상황이 지금 국내 이동통신사와 애플의 아이폰 사이에서도 벌어지고 있다. 결론은 더 훌륭한 이야기를 가진 쪽이 유리한 고지에서 전투를 치르고 결국 시장을 지배한다는 것이다. 이야기 전쟁은 바야흐로 시작되었다. 롤프 얀센의 이야기 공식이 얼마나 들어맞는지는 모르겠다. 다만 분명한 것은 이제 지식 편집자 스스로가 최고의 스토리텔러가 되어야 한다는 것이다.

5. 장르 : 타인의 취향

이제 우리는 콘텐츠 설계의 마지막 도구, '장르'를 앞에 두고 있다. 모듈로부터 시작해서 플로우, 스타일, 스토리를 거쳐 어느덧 첫 번째 서랍 속 생각도구들을 모두 살펴보게 된 것이다. 단도직입적으로 말하자면, 장르란 특정한 취향을 가진 독자들이 모여 있는 곳이고, 마켓으로 통하는 관문과도 같다. 편집자가 콘텐츠 설계에서 이 문을 어떻게 통과하느냐에 따라 원하는 시장의 독자들에게 다가갈 수 있느냐 없느냐가 결정된다. 그러니까 본격적인 마케팅은 콘텐츠 설계 단계에서 이미 장르의 선택과 함께 시작되는 것이다.

설계자의 딜레마

사전적으로 보면, 장르(Genre)란 문학·예술에서 유사성에 근거한 분류를 말한다. 분류에는 두 가지 효용이 있는데, 첫째는 대상을 무리 짓기 위해서이고 둘째는 구분 짓기 위해서이다. 이 괴상한 동어반복을 이해하기 위해서는 장르와 카테고리를 구분하는 작업이 선행되어야 한다. 장르가 문예에서의 분류를 가리킨다면, 카테고리는 철학에서 범주를 뜻하는 용어로서 일상어에 좀더 가깝다. 하나의 콘텐츠는 스토리의 유사성에 주목하면 장르로 묶이고, 독자의 니즈(Needs)에 주목하면 카테고리로 나뉜다. 가령, 『사막을 건너는 여섯 가지 방법』은 문학 장르로는 여행에세이지만, 시장에서의 카테고리는 자기계발 영역으로 분류된다. 그러니까 카테고리는 독자 니즈에 좀더 쉽게 대응하고자 출판·유통업자들의 편의에 따라 만들어진 분류이다. 반면, 장르는 창작자들이 콘텐츠를 설계할 때 의식하는 내적 분류에 가깝다. 그런데 이런 불일치는 생각

밖으로 복잡한 문제를 야기한다. 왜냐하면 한 권의 책을 만드는 과정은 '개념이 자신의 가장 완전한 형식을 지니고 있는가'라는 미학적인 문제에 대답하는 과정(내용 설계)인 동시에, 자신의 핵심 독자를 찾아가는 과정(시장 설계)이기 때문이다. 결국 자신의 이야기를 어떤 장르를 통해 풀어갈지의 고민은 다분히 시장의 카테고리를 의식하는 행위가 되어 버리고 만다. 시장 설계의 과정에서 좀더 큰 시장으로 타깃 카테고리가 바뀌면 콘텐츠의 성격 또한 바뀌게 되고, 바로 여기서부터 복잡성이 생기는 것이다.

'자기계발 혹은 자기관리'라는 카테고리를 예로 들어 보자. 이 분류가 만들어진 순간부터, 이 유기체는 인접 장르를 엄청난 속도로 집어삼키며 거대하게 자라나고 있다. 전통적인 비즈니스 관련서뿐만이 아니라 대부분의 인물에세이와 인문교양서까지도 이 인력에 끌려가고 있다. 이 카테고리에 포섭되는 순간, 기존 장르는 순수성을 잃고 새로운 변종으로 탈바꿈하게 된다. '자기계발 인물에세이' '자기계발 여행에세이' 등등, 이런 변종들의 존재 이유는 오직 독자들의 구매에 의해 결정된다. 그것은 완전성에 대한 추구를 포기하고 시장에 영합한 데 따르는 필연적인 결과이다. 결국 설계자의 딜레마는 안정적인 시장을 좇아 독자에게 영합할 것인가, 시장의 트렌드와 무관하게 작품 본연의 순수성을 지켜낼 것인가로 압축된다. 그것은 말하자면 흥행성과 작품성 사이에서의 딜레마이다.

이 문제는 천문학적인 투자가 필요한 영화계에서 좀더 심도 있게 고민되었다. 한편의 영화가 성공하느냐 실패하느냐는 곧바로 제작사의 존망이 걸린 문제였기 때문이다. 그 고민의 결과로 탄생한 것이 장르영화였다. 『문학비평용어사전』에 따르면 장르영화란,

"작가주의 영화와 구분되는 것으로 이것의 특징은 관습들을 유형화하고 반복하는 데 있으며, 보증된 생산품을 기다리는 고객에게 전달하는 특정한 공식들의 그물망"이다. 이처럼 장르영화의 관객들은 자신의 취향에 따라 특정한 장르 자체를 소비하기 때문에, 결국 헐리우드 스튜디오는 기존의 장르 공식을 충실히 따르며 관객의 욕망을 구축하는 방식으로 진화해온 것이다.

팬덤을 바라보는 두 가지 시선

출판의 경우도 이와 크게 다르지 않다. 스토리에 대한 취향이 반복되면 하나의 장르가 탄생한다. 독자들은 살아오면서 수많은 이야기를 대하며 스스로의 취향을 발전시켜 왔기 때문에, 콘텐츠 설계자가 하나의 장르(혹은 장르적 발상)를 선택한다는 것은 특정한 취향을 가진 일군의 독자층(팬덤 Fandom)을 상대하겠다는 의미이기도 하다. 그렇기 때문에 "지금까지 볼 수 없던 전혀 새로운 이야기" 같은 홍보문구는 사실 팬덤 독자들에게는 거의 아무런 의미가 없는 말이다. 차라리 'SF판 삼국지'처럼 기존의 익숙한 이야기에 기대어 그것과의 차별점을 강조해야 한다. 그러니까 장르를 소비하는 독자들이 원하는 이야기는 정확하게는 '익숙하면서도 새로운 이야기'라고 할 수 있다.

그렇다면 콘텐츠 설계에서 하나의 장르를 채택한다는 것은 기존의 독자층을 안정적으로 포섭하면서 시장에 성공적으로 진입하는 손쉬운 방법이기만 할까? 예상했겠지만, 그렇지 못하다. 독자들이 모여 있다는 것은 그들의 취향이 단련되어 있다는 뜻이고, 따라서 그들의 수준에 도달하지 못하는 작품은 가차 없이 난도질할 준비가 되어 있다는 뜻이기도 하다. 흔히 장르소설이라고 불리는 추리

소설, 과학소설, 판타지소설, 무협소설, 로맨스소설 정도가 국내에서 팬덤을 거느리고 있는 장르라고 할 수 있는데, 출판사들이 해외의 장르 고전들을 출간할 때마다 번역의 정확성 문제로 팬덤 내에서 뭇매를 맞고 판매에서도 고전하는 모습은 이제 낯설지 않은 광경이다.

이런 과정을 겪으면서 팬덤을 바라보는 출판사들의 시선은 크게 두 가지로 나뉘게 되었다. 하나는 출판사 자체가 팬덤의 구성원으로 적극적으로 편입되어야 한다는 관점이고, 또 다른 하나는 팬덤의 독자들이란 까탈스럽기만 하고 매출로 보자면 큰 의미가 없는 존재이므로 일정한 거리를 유지해야 한다는 관점이다.

그러나 편집자가 팬덤에 주목해야 하는 이유는 따로 있다. 그것은 팬덤의 모습은 시장의 트렌드를 한 발 앞서 반영하는 지표가 되기 때문이다. 팬덤은 장르의 핵심 소비자일뿐만 아니라 그 내부에서 미래의 작가들을 키우고 있는 살아 있는 유기체와 같다. 어떤 팬덤이 단순한 장르 애호 집단을 넘어서 창작자를 배출해 내는 성숙기에 접어들었다면, 그 장르는 미래의 폭발적인 트렌드를 내장하고 있다고 인식해야 한다.

『반지의 제왕』이 정식 한국어판권의 주인을 찾아 출판가를 떠돌 때만 해도, 아무도 이 고색창연한 판타지의 성공을 장담하지 못했다. 해적판 『반지전쟁』이 별 재미를 보지 못한 상태에서 그것은 자연스러운 판단이었다. 하지만 그때는 판타지 팬덤에서 수많은 습작들이 쏟아져 나오던 시기였다. 결과는? 판타지소설 사상 초유의 대성공이었다. 반면 김용의 『영웅문』 시리즈가 정식 한국어판권의 주인을 찾을 때는 이와는 상황이 조금 달랐다. 엄청난 독자층을 거느렸던 이 밀리언셀러의 판권이 계약될 당시에는 팬덤 내부에서 무협소설 창작이 많이 침체된 상태였다. 절판된 지 10여 년의 사이클이 지나 새로운 세대가 독자층으로 유입되었으리라는 생각은 오산이었다. 무협 장르에 대한 독자의 수요가 아예 다른 장르로 옮겨간 것이다. 그것은 SF소설 『은하영웅전설』의 케이스에서도 마찬가지였다.

근래에는 『악마는 프라다를 입는다』류의 칙릿소설(Chick-Literature) 열풍을 지나 최근에는 한국적 역사로맨스가 베스트셀러 목록에 심심치 않게 등장하는 것을 볼 수 있다. 팬덤을 들여다보면 그 이유를 알 수 있다. 최근 로맨스소설 전문 사이트에서 아마추어 창작물의 e-북 매출은 상상 이상이라고 한다. 다른 장르의 전성기 때와 마찬가지로 늘어난 수요를 공급이 따르지 못해 수요자들이 직접 창작에 나선 것이다. 팬덤이 북적거릴 때 뛰어들면, 그 기획은 이미 늦다. 그러니 당신만의 팬덤을 발굴하고 기꺼이 그 내부로 뛰어들어라.

장르 공식의 활용

『베스트셀러 쓰는 법』의 딘 쿤츠는 "병리학자가 시체를 해부한다 해도 인간의 영혼을 발견할 수 없듯이 소설의 정신도 분해해서 찾아낼 수 없다"는 자신의 말과 달리, 누구보다 장르의 공식에 집착했던 작가다. 여기서 장르의 공식이란 규칙(Formula), 관습(Convention), 도상(Iconography)으로 나타나는 내적 구조를 말한다. 가령, 미스터리 소설의 규칙은 살인자나 도둑의 정체를 밝히는 것이 되며, 이것이 스토리의 중심축이 되어 클라이맥스까지 지속된다. 반면 스릴러 소설은 주인공이 직면하는 각종 위험과 재난에 대한 독자의 기대감이 스토리를 끌고 간다. 이러한 장르 규칙의 다양한 변주와 파괴를 통해 장르는 진화한다. 컨벤션은 장르에서 관습적으로 사용되는 에피소드를 의미하는데, 무협소설에서의 '절벽 아래로의 추락', '기연을 만남' 등이 여기에 해당된다. 아이코노그래피는 앞선 단위들보다 더 작은 도상을 의미하는데 추리소설에서의 총과 도시 등 장르를 환기시키는 아이콘들이 여기에 해당된다. 하나의 장르를 구성하는 규칙과 관습, 도상에 대한 고찰은 콘텐츠 설계에 있어 장르를 전략적으로 활용할 수 있는 가능성을 열어준다. 그밖에 장르소설들의 좀더 구체적인 분류는 쿤츠의 전게서를 구해서 확인해 보면 많은 도움을 얻을 수 있을 것이다.

논픽션의 분류를 위해서는 윌리엄 진서의 『글쓰기 생각쓰기』를 참조하면 좋다. 중고등학교 시절로 돌아가 교과서를 보는 기분이 들지도 모르지만 논픽션 분야의 편집자라면 윌리엄 진서의 분류를 한번쯤 확인해 볼 필요가 있다. 그의 분류에서 언급된 논픽션 장르 중 지금 우리에게 의미를 갖는 것들을 정리하면 다음과 같다.

인터뷰 : 사람들이 직접 말하게 하는 글쓰기. 대담집이나 강연집까지를 포괄하는 것으로 보아야 할 듯하다. 기록문학에서의 글쓰기는 공적인 신뢰를 담보로 한다. 사실과 허구에 대한 엄격한 잣대와 윤리적 양심이 요구된다.

여행기 : 장소에 대한 글쓰기. 작가는 새로운 문물과 소리와 향취에 취한 여행자(화자)를 강력하게 통제해야 한다. 이 장르의 특별함은 대개 장소와 그곳에 사는 사람들의 조합이 만들어낸 결과물이다. 결국 어떤 장소에 생기를 불어넣는 것은 인간의 활동이다. 누가 무엇을 하느냐가 그 장소에 나름의 성격을 부여하는 것이다.

회고록 : 나에 대한 글쓰기. '자아'와 '자기본위'는 종이 한 장 차이. 회고록이라는 형식이 힘이 있는 것은 초점이 좁기 때문이다. 인

생 전체를 다루는 자서전과 달리 회고록은 인생 전체를 바탕으로 하되 그 대부분을 무시한다.

과학과 기술 : 설명하는 글쓰기. 독자를 새롭고 어려운 영역으로 안내해야 하는 모든 분야에 적용된다. 이 딱딱한 분야에서도 자기 자신과 전문분야와 독자들 사이에서 인간미라는 공통의 고리를 찾는 일이 중요하다.

비즈니스 : 업무와 관련된 글쓰기. 설명하는 글쓰기와 마찬가지로 비즈니스 글쓰기에도 두려움이 큰 문제이며 인간미와 명료한 생각이 해결의 실마리이다. 이 분야의 필자가 명심해야 할 일은 '자신이 중요한 이야기를 한다는 인상을 주고자 하는 욕심'의 희생자가 돼서는 안 된다는 것이다.

비평 : 예술에 대한 글쓰기. 좋은 평(Review)과 좋은 비평(Critic) 모두에 적용할 수 있는 세 가지 원칙은 다음과 같다. 1) 자신이 평가하는 매체에 애정을 가져라. 2) 줄거리를 너무 많이 풀어놓지 말라 (스포일러). 3) 구체적인 디테일을 이용하라.

유머 : 즐거움을 위한 글쓰기. 설교는 곧 유머의 죽음이다. 작가는 풍자나 패러디, 아이러니, 난센스 같은 코믹한 장치를 찾아 자신의 진지함을 위장해야 한다.

『글쓰기 생각쓰기』에서 발췌 및 인용

장르의 탄생

독자의 니즈와 취향이 발전하고 그에 대한 출판의 대응도 진화해 가면서 어느 하나의 카테고리로 분류하기 힘든 책들이 늘어나고 있다. 미래의 시장을 예측하기는 쉽지 않지만, 독자 머릿속의 감성의 지도 위에서 펼쳐지는 격전장이 되리라는 것은 분명해 보인다. 팬덤을 통해 확인해 볼 수 있듯이 아직 읽지 않은 책, 읽고 싶은 책에 대해 말하는 사람들이 늘어날 때 새로운 장르는 탄생한다. 이론적으로 모든 이야기는 희극과 비극, 양 극단 사이에서 어떤 장르 안에 포함되지만, 모든 이야기를 장르의 그물망으로 낚으려는 시도는 부질없는 허탕이 되기 쉽다. 기존의 장르로 포섭할 수 없는 미래의 장르는 지금 이 순간에도 어느 작가의 책상 위에서 태동하고 있다. 그 가능성을 이해하고 인정한다면, 우리는 비로소 우리의 두 번째 서랍, 즉 시장 설계의 영역으로 들어갈 수 있는 입장권을 손에 쥐게 된 것이다.

chapter 3

시장 설계

시장 설계

1. 포지셔닝 : 인식의 재구성

도구상자의 두 번째 서랍에는 시장(Market) 설계의 도구들이 들어 있다. 시장 설계는 콘텐츠 설계에 '마케팅'의 개념을 받아들인 표현이다. 위키백과의 군더더기 없는 설명에 따르자면, 마케팅은 '수요를 관리하는 사회과학'이다. 따라서 마케팅은 공급자가 아니라 철저히 소비자에게 집중하는 과학이다. 피터 드러커는 마케팅의 임무를 "소비자들의 충족되지 못한 욕구를 발견하고, 그것을 충족시킬 방법을 마련하는 것"이라고 했다. 이것을 필립 코틀러식으로 바꿔 말하면, 마케팅이란 "시장기회를 찾아내고 개발하며, 그 기회를 통해 수익을 올리는 기술"이다.

그러니까 출판에서의 마케팅은 "당신 회사의 책을 왜 사야 하나요?"라는 고객의 질문에, "우리 책은 당신의 ○○에 대한 니즈를 충족시켜 드립니다"라고 답하며 수익을 창출하는 활동이다. 물론 이 질문을 무시하고도 책은 만들어진다. 그런 책을 우리는 통상 '자비출판'이라고 부른다. 그런데 뜻밖에도 이 말 속에 출판 마케팅의 딜레마가 들어 있다. 개별적인 창의성이 발현되어 탄생한 예술이 동일한 조건에서는 동일한 결과를 얻어야 하는 마케팅이라는 과학과 만나게 되니 태생적으로 불화할 수밖에 없는 것이다. 선구적인 작품일수록 자비출판의 사례가 많은 것은 이 때문이다.[13] 이처럼 기존에 인식하지 못했던 독자의 니즈를 충족시키는 책은 전례를 찾을 수 없기 때문에 그만큼 시장 진출이 힘들어진다. 시장기회를 발견하는 일이 마케팅 본연의 임무임에도, 시장이 없기 때문에 출간을 거부한다는 이 오래된 딜레마는 오늘도 수많은 출판사의 출간기획회의에서 반복되고 있다.

런칭의 기술

자, 그렇다면 이제 막 한 권의 책을 런칭하기 위해 담당자들을 소집한 어느 중견출판사의 회의실로 들어가 보자. 런칭의 핵심은 시간과 장소의 고려, 즉 타이밍과 포지셔닝에 있다. 환영받기 위해서는 적절한 때에 적당한 곳으로 적합한 선물을 들고 찾아가야 한다. 그래서 마케팅 기획서의 시작은 도서명과 저자, 즉 누가 어떤 선물을 준비했는지를 밝히면서부터 시작된다.

이렇게 프로젝트에 이름표를 달고 나면 곧바로 들어오는 항목이 바로 책이 위치할 분야, 카테고리이다. 어떤 독자와 만날 것인가? 그들이 모여 있는 곳은 어디인가? 대개 대형 인터넷서점의 분류를 참고하면서 대표 분류와 중복 분류 한두 가지를 확인하고서 곧바로 책의 콘셉트로 넘어가게 마련이다. 문제는 편집자들이 이 부분에 너무 적은 시간을 할애한다는 것이다. 포지션은 출판사가 기획서에 적는다고 만들어지는 것이 아니라 독자들의 마음속에서 인식되는 것이다. '출간 1주일 내 분야 10위권 진입.' 이런 마케팅 로드맵을 적어놓아 보았자 그것은 희망사항일 뿐이다.

초보 편집자들이 자주 실수하는 곳이 바로 이 지점이다. 순진한

(어쩌면 미숙한) 편집자들은 책의 장르를 시장의 카테고리와 동일시한다. 또는 원고의 차별화 포인트만을 쫓다가 정작 시장에서의 독자 니즈를 놓쳐 버리고 만다. 이들은 콘텐츠 설계 단계에서부터 책의 내용에 깊숙이 개입되고 거기에 사로잡혀 있어 마케팅회의에서 갑자기 시장에서의 객관적인 위치를 질문받으면 어지럼증을 느끼게 된다. "이 책은 포지셔닝이 어떻게 됩니까?" "지금 자기계발 시장이 커져가고 있으니까 그쪽으로 런칭합시다." "이 책은 그런 내용이 아닌데……." 편집자는 들릴 듯 말듯 말하지만, 입만 삐죽여도 모두가 알 수 있다. "여행서 시장은 지금 좋지 않아요. 신종플루 때문에 여행시장 전체가 가라앉았어요." "그래도 이건 여행에세이인데……." 이쯤 되면 참석자들은 침묵하지만, 독자 니즈에서 벗어나 있는 원고에 대한 무언의 원망이 회의실을 떠돌게 마련이다. 원고가 집필 과정에서 목표했던 카테고리에서 벗어나게 되는 경우는 크게 두 가지가 있다. 첫째, 집필 과정에서 변수들이 원활히 통제되지 못했거나, 둘째, 탈고 시점에 시장상황 혹은 독자의 니즈가 바뀐 경우이다. 그래서 출간을 결정했던 기획회의 이후, 런칭 시점에서의 마케팅회의는 '작품'을 '상품'으로 만들기 위해 반드시 필요한 조율 과정이다.

상품을 바라보는 시각 차이에 대한 해법은 네 가지가 있다. 첫째, 시장 크기를 고려하지 않고 책의 내재가치에 따라 정직하게 런칭하는 것. 둘째, 구매력이 큰 카테고리로 옮겨 해당 독자의 니즈에 맞춰 재포장하는 것. 셋째, 과감하게 출간 포기. 마지막으로 우리가 주목해야 할 네 번째는 새로운 카테고리를 만들어 내는 것이다. 런칭의 희열은 바로 이렇게 기존 카테고리의 틈새를 비집고 들어가 그 속에서 새로운 시장 기회를 만들어 내는 데 있다. 그렇게 하기 위해서는 런칭 작업에 임하는 담당 편집자와 마케터가 책 내부랑 결별해서 철저하게 고객의 마음을 파고들 수 있어야 한다.

『포지셔닝』의 저자 잭 트라우트와 알 리스는 "상품이라는 실체에 집중해서는 안 된다. 진실은 무의미하다. 중요한 것은 소비자의 마인드에 존재하는 인식이다. 따라서 포지셔닝 사고방식의 핵심은 인식을 현실로 받아들이고 그러한 인식을 재구성해 원하는 포지션을 창출하는 것이다"라고 말한 바 있다. 『포지셔닝』에서는 '비(非)콜라' 포지셔닝으로 성공한 세븐업을 예로 들면서, "세븐업의 비콜라 아이디어는 상품 속에서 찾아낸 것이 아니다. 오히려 콜라 애호가들의 마인드에서 찾아낸 것이다"라고 설명한다. 이처럼 시장 설계 단계에서는 인습적 논리에 사로잡혀 원고의 내재적 가치에 집착하기보다는 시장에서의 독특한 포지셔닝을 발견하는 데 집중해야 한다. 이를 위해서는 기존에 인식된 독자 니즈에 대응한다기보다는 새로운 독자 니즈를 개발한다는 마인드가 중요하다. 어려운 일이지만 불가능한 일은 아니다. 지금 이 순간에도 촘촘한 카테고리 사이의 틈새를 벌리고 독자 마인드에 새로운 사다리를 놓으려는 시도가 계속되고 있으니까 말이다.

책과 독자 사이에 놓인 다리

로버트 B. 세틀과 파멜라 L. 알렉은 『소비의 심리학』에서 "마케팅이란 회사의 생산품과 소비자의 니즈 사이에 놓인 다리이다. 그 다리를 어디에 어떻게 놓을지가 마케터가 알아야 할 전부이다"라고 말했다. 이 설명에 따르자면, 한 권의 책과 독자 사이의 다리를 어디에 어떻게 설치할 것인가가 바로 단행본 런칭의 모든 것이 된다. 독자들이 있는 성으로 향하는 똑같은 지도를 들고도 어떤 이는 커뮤니티라는 창에 기대 다리를 놓고, 어떤 이는 성 뒤편의 개구멍으로 진입하려다가 해자에 빠지고, 또 다른 누군가는 굳게 닫힌 성문을 향해 무모한 돌진을 한다.

몇 년 전, 『한밤의 운동장 달리기』라는 책을 출간했을 때의 일이다. 나는 이 책의 핵심독자를 자기계발 코너의 비즈니스우먼이라고 생각하고 '운동장 이야기'라는 가제를 걸어두고 집필했다. 그런데 담당 편집자의 생각은 조금 달랐다. 여성실용의 건강 > 다이어트로 런칭하자는 것이었다. 담당자가 해당 카테고리에 대한 경험이 많았고, 원고 자체도 더이상 시간을 끌면 시장가치가 사라질 것 같아 허락했다. 카테고리가 결정되자 책은 카테고리의 핵심독자들에게 소구하도록 포장되었다. 책이 나오고 보니, 과연! 인터넷서점의 댓글들이 장난이 아니었다. 비즈니스와 여성실용 사이의 거리는 생각보다 멀었다. '다이어트에 대한 정보는 없고 돈이 아깝다'에서부터 '운동 실용서도 아니고 30대의 자아 정체성 찾기도 아닌 이도저도 아닌 책'이라는 평까지……. 압권은 "작가가 쓰고 싶었다니까 '그러셨어요' 한다"였다. 쥐구멍을 찾고 싶었다. 부끄러운 이야기를 새삼 꺼내는 이유는 책과 독자 사이, 어느 곳에 다리를 놓느냐에 따라 책의 첫인상이 결정된다는 이야기를 하고 싶었기 때문이다.

『소비의 심리학』에 등장하는 '수직적 니즈 카테고리' 이론에 따르자면, 소비자의 니즈는 좀더 근원적인 니즈가 만족되고 나서야 비로소 다른 니즈를 충족시키려는 경향이 있다. 이것을 출판시장에 적용해 보면, 카테고리를 방문하는 독자들의 핵심 니즈를 만족시킨 상태에서 새로운 무언가를 전달하는 책은 자신만의 포지셔닝을 확보할 수 있지만, 핵심 니즈를 충족시키지 못한 상태에서 그보다 상위의 니즈를 섣불리 추구하는 책은 자신의 포지셔닝을 갖지 못하게 된다. 건강 실용서에 대한 니즈를 갖고 있던 독자들에게 마라톤 비전문가의 스토리텔링 자기계발서는 당연히 1차 니즈를 충족시키지 못하는 불완전한 솔루션일 뿐이다. 따라서 시장에서의 첫인상이 결정되는 1차 독자와의 다리는 책이 가장 기본적인 니즈를 충실하게 만족시키고 있는 카테고리에 설치해야 한다.

그런데 책이 지금까지 존재하는 어떤 카테고리의 니즈와도 다른 전혀 새로운 니즈를 추구하고 있다면? 그렇다면 대체 지금까지 일면식도 없던 새로운 방문자는 성 안의 까다로운 독자와 어떻게 만나야 하는가. 최근에 번트 H. 슈미트 교수는 이에 대한 해답을 내놓았다. 『빅 싱크 전략』에서 그는 비즈니스 세계의 트로이 목마 전략을 소개했다. 10년을 대치했던 그리스와 트로이의 전쟁을 하룻밤 만에 끝낸 것은 병사들의 몸을 숨길 수 있는 거대한 목마라는 아이디어였다. 트로이 사람들은 말을 좋아했기 때문에 성문을 열고 이 선물을 아무 경계심 없이 받아들였다. 결과적으로 이것은 오랜 교착상태를 끝낸 대담하고도 큰 '빅 싱크(Big Think)' 전략이었다. 기존의 지지부진한 시장 상황을 딛고 새로운 시장을 열고 싶다면 독자 스스로가 기꺼이 성문을 열고 반겨 맞아들이게 만드는 빅 싱크 전략이 필요할지도 모르겠다.

감성 시장(Emotional Market Place)

"런칭이 지체되어 카테고리 내에서 최초의 자리를 빼앗기게 되면 선두를 따라잡기란 거의 불가능해진다. 고객 마인드에 새로운 카테고리의 사다리가 놓이는 순간, 최초 이후에는 모두 사다리의 아래 칸을 차지하기 때문이다." 이것이 포지셔닝 전략의 핵심적

견해이다. 하지만 이것은 다른 소비재 산업에 좀더 적합한 이야기로 보인다. 출판의 분야별 순위에서는 카테고리 선점에 의한 차별적 우위는 그다지 오래 지속되지 못한다. 과거에는 베스트셀러 순위에 진입하고 빠지기까지의 사이클이 6개월 이상이었다고 한다면 현재는 3개월도 버티지 못하고 퇴출되는 경우가 대부분이다. 결국 신간 매출의 대부분이 런칭 후 3개월에 집중되는 것이 일반적이다. 매년 최신 정보로 업데이트하지 않는 한, 반짝하는 아이디어와 정보 우위를 내세웠던 대부분의 책들은 결국 똑같은 이유로 신간에게 자리를 내줄 수밖에 없게 된다. 그렇기 때문에 런칭 시점의 포지셔닝은 더욱 중요해졌다. 잘못된 런칭을 하게 되면 3개월은커녕 미처 엉덩이도 대보기 전에 시장에서 사라지게 된다. 여기서 시간과 공간의 상관관계는 분명해 보인다. 베스트셀러를 좀더 오랜 시간 점유하기 위해서는 단순히 새로운 지식과 정보만이 아니라 고객 마인드의 좀더 넓은 감성의 공간에 포지셔닝 되어야 한다. 처음에는 하나의 카테고리에서 런칭한 책이라고 하더라도 고객의 감성 공간에서 여러 분야에 걸쳐 넓은 공간을 점유하게 되면 롱런할 수 있게 되는 것이다. 참고로 롤프 옌센이 분류한 감성 시장의 8개 영역은 다음과 같다. 사랑(Love), 통제(Control), 자유(Free), 신앙(Religion), 전통(Tradition), 변화(Change), 돌봄(Care), 인정(Recognition)이 그것이다. 당신의 책이 궁극적으로 포지셔닝 해야 할 곳은 시장의 카테고리가 아니라 바로 이곳, 독자 마인드에서의 인식이다.

우리의 여섯 번째 생각도구는 포지셔닝이었다. 이것은 매장에서 어떤 코너에 놓을 것인가라는 '물리적 자리 잡기(Location) 혹은 매대 싸움'의 문제가 아니라, 궁극적으로 새로운 시장기회를 발견해서 '고객의 마인드에서 어떻게 인식될 것인가(Positioning)'를 다루는 일이다. 출판은 감이라며 지금도 그저 감으로 신간의 포지션을 결정하는 경우가 많다. 하지만 장금이처럼 자신의 미각에 의존한 마케팅에는 한계가 있다. "감 맛이 나서 감이 들었다 했사온데 왜 그리 생각하느냐 하시면⋯⋯ " 그 감이라고 하는 것도 본질은 오랜 경험과 수많은 데이터를 관찰한 후 만들어진 직관이기 때문이다. 콘텐츠 설계는 예술적 감수성과 창의성의 영역이지만, 시장 설계는 조사와 관찰, 실험을 통한 과학의 영역에 속하는 일이다. 그리고 우리의 지향은 이 둘의 조화이다.

2. 트렌드 : 예측의 기술

2009년 말, 뉴스위크가 선정한 '빗나간 21세기 최악의 예상' 리스트에는 놀랍게도, 2~3년 안에 구글이 몰락할 것이라고 말했던 빌 게이츠의 2003년도 예측이 포함되었다. 그러나 구글은 현재 마이크로소프트를 위협하는 최고의 기업이 되었다. 소프트웨어 혁명을 주도했던 빌 게이츠가 어떻게 이 슈퍼 루키의 잠재력을 몰라볼 수 있었을까? '과거는 당신 앞에 있고, 미래는 당신 뒤에 있다'는 남미 인디언의 속담처럼, 미래는 등 뒤에 있으므로 의도적으로 자꾸 돌아보지 않으면 잊게 된다. 그래서 '미래 지향적'이 된다는 것은 그만큼 어렵다.[14] 빌 게이츠도 그때만큼은 자신의 등 뒤에 서 있던 거대한 '집단지성'의 트렌드를 보지 못했다.

어쨌든 세상은 엉터리 예언들과 치밀한 예측들 그리고 각자가 꿈꾸는 미래가 격돌하는 전장이다. 그리고 승자독식 사회에서 개인들의 전망은 대부분 패배하고 만다. 주가지수(코스피)가 2000P를 찍었을 때 사람들은 섣불리 3000P를 이야기하기 시작했고, 2008년 금융위기로 900P대까지 곤두박질치고 나서야 그때가 정점이었다는 걸 깨달았다. 반대로 900P대에서는 500P를 이야기하는 비관적인 전망이 우세했고, 주가지수가 1800P선을 회복하고 나서야 사람들은 '아! 그때가 바닥이었구나' 하고 땅을 쳤다. 결국, 전망이란 예상 가능한 시나리오 중에서 각자가 자신에게 최선의 것을 선택한 것이다. 여기에는 필연적으로 주체의 의지가 투영된다. 의지는 그 자체로 미래가 될 수 없다. 그래서 사람들은 믿을 수 있는 예측의 도구로 '트렌드'를 발명했다.

두 가지 정의 : 트렌드란 무엇인가

우리의 일곱 번째 생각도구는 트렌드다. 지금까지 살펴본 콘텐츠 설계의 도구들을 손에 익히고 시장에서 적절한 포지션까지 정했다면 이제 우리의 모든 문제는 해결될 것일까? 안타깝게도 오늘날의 경쟁에서 그것은 생존의 기본 조건일 뿐이다. 우리의 고민은 이제 더욱 깊어졌다. 지금까지가 실험실 속 진공상태에서의 논의였다면 이제부터는 불가항력적인 힘들과 돌발적인 변수가 작용하는 진짜 세상에서의 이야기이다.

철부지라는 말이 있다. 원래 철부지는 '절기를 모르는 사람'이라는 뜻의 절부지(節不知)에서 온 말이라고 한다. 옛날 농경사회에서는 절기를 모르면 제때 씨를 뿌리고 수확할 수 없었다. 출판에서도 트렌드를 모르면 바로 이런 철부지가 된다. 좋은 책(Product)을 만들어 적절한 유통망(Place)에 합리적인 가격(Price)으로 성실히 판촉(Promotion)한다 한들(이것이 그 유명한 마케팅 믹스 아니던가), 정작 나아가고 물러날 때를 모르면 실패할 수밖에 없다. 피터 드러커는 『Next Society』에서 "불확실성의 시대에는 기본적인 트렌드를 바탕으로 전략과 정책을 수립한다고 해도 성공을 보장할 수 없다. 그러나 그 반대의 경우 실패는 틀림없이 보장할 수 있다"라며 트렌드의 중요성을 강조했다. 그러니까 트렌드는 인간이 경영의 리스크와 불확실성을 통제하기 위해 발명한 개념이다. 그리고 이것은 출판에도 그대로 적용된다.

출판은 기획에서부터 출간까지의 시차 때문에 필연적으로 미래 시장에 대한 예측을 수반하게 된다. 따라서 기획자는 불확실성을 안은 채 결정을 내릴 수밖에 없다. 예측이 어긋나서 준비하고 있는 기획이 미래 시장에서 철부지가 되지 않으리라는 보장이 과연 어디에 있겠는가? 결국, 이 문제를 해결하는 방법은 두 가지밖에 없다. 상품 출시까지의 기간을 최대한 단축해 통제 가능한 내일의 시장에 런칭하거나, 미래 시장에 대한 정교한 예측을 수행해서 치밀한 시나리오를 가지고 대처하는 방법이다. 그런데 전자는 졸속이 되어 버리기 십상이고 또 자주 쓸 수 있는 방법도 아니다. 따라서 에디터가 등 뒤에 있는 미래, 즉 트렌드를 돌아보지 않고서 책을 기획한다는 것은 실패를 준비하는 일이나 마찬가지가 된다.

"지금 이 기획은 과연 1년 혹은 3년 후에도 유효할까?"

이것은 최종 계약 직전까지 스스로에게 끊임없이 물어야 할 질문이다. 다행히 우리에게는 오늘의 트렌드를 통해, 내일의 예측 가능한 필연성을 발견할 수 있는 가능성이 남아 있다. 그러니까 에디터의 기획은 동물적인 감각이 아니라 바로 자신만의 시각으로 발견한 변화의 필연성에 기초해야 한다.

그렇다면 과연 트렌드란 무엇인가? 김경훈 한국트렌드연구소장의 저서 『트렌드워칭』에 따르자면 미래를 움직이는 재료들은 인구통계나 정기적 일정 등과 같은 확실성 요인과 정치상황, 경제적 호불황과 같은 불확실성 요인으로 구성된다. 그리고 이 책은 확실성 요인 중 하나로 인간의 욕구(Wants)를 포함시키고 있다. 이 관점에 따라 트렌드를 정의하자면, 트렌드란 "상품과 문화에 투영된 새로운 욕구의 흐름"이다. 따라서 새로운 상품 그 자체가 아니라 그 상품에 투영된 새로운 욕구가 트렌드라는 것이고, 그 욕구의 추적을 통해 미래의 필연적 변화를 읽을 수 있다는 것이다. 그런데 인간의 욕구는 과연 믿을 만한 확실성 요소인가?

영국의 트렌드 조사기관 트렌드워칭(www.trendwatching.com)의 가정에 따르면, 인간(소비자)은 그다지 변하지 않는 존재다. 따라서 인간의 근본적인 욕구(Deep Needs)는 똑같이 남아 있고, 다만 새롭게 열리거나 서비스될 뿐이다. 그 잠겨 있던 욕구를 열 수 있는 열쇠는 사회 규범이나 가치의 변화로부터 새로운 기술의 발견이나 부의 증가에 이르기까지 어떤 것이든 가능하다. 그런 관점에서 보면, 트렌드란 "새롭게 서비스되거나 열리게 된 소비자 욕구 혹은 가치의 표명"이다.

이것은 앞선 정의와 미묘한 해석의 차이를 보이는데, 그러니까 트렌드란 '새로운 욕구의 등장'이 아니라(표면적으로는 그렇게 보이지만), 외부적 변화 요인을 통한 '기존 욕구의 새로운 표명'이라는 것이다. 이 두 가지 정의의 도움을 받아 우리는 상품 그 자체가 아니라 그 저변에 흐르는 인간의 욕구에 주목해야 한다는 것, 그리고 그 근본적 욕구는 지금껏 거의 바뀌지 않았으며, 언제든지 새로운 형태로 표출될 여지가 있다는 것을 알 수 있다.

결국, 우리의 이야기는 다시 독자의 니즈로 돌아왔다. "사회문화나 가치의 변화로 독자의 욕구가 새롭게 표출되어 나타난 흐름"이 바로 트렌드다. 따라서 트렌드를 읽는다는 것은 미래를 예언하는 것이 아니라, 주류와 변방, 메이저와 마이너에서 지금 일어나고 있는 일들에 대한 이해와 관찰 그 자체이다. 이미 존재하는 그 흐름의 힘과 방향 속에 미래는 내장되어 있다. 트렌드란 바로 독자의 내재된 혹은 잠복해 있던 욕망에서 비롯된다. 그것이 지금 어떤 형태로 표출되고 있는지 찾아보자. 당신이 미래를 외면하는 고집불통이거나 트렌드의 물결에 우연히 올라탄 것을 자신의 실력이라고 믿는 철부지만 아니라면, 그 안에서 내일의 필연성을 발견할 수 있을 것이다. 명심하라. 오늘의 시장은 내일의 시장이 아니며 흐르는 물에 발을 두 번 담글 수는 없다.

네 가지 파도 : 패드 vs. 패션 vs. 트렌드 vs. 하이프

트렌드에 대한 정의를 가지고서도 곤란은 여전하다. 무릎에서 사서 어깨에서 팔라고, 떨어지는 칼날은 잡지 말고 상승하는 추세에 올라타야 한다고 누구나 이야기할 수 있다. 하지만 실제로 그렇게 할 수 있는 사람은 극소수에 불과하다. 트렌드를 제대로 탄다는 것은 왜 그렇게 힘든 일일까? 여기에는 두 가지 요인이 있다.

첫째, 트렌드처럼 보이지만 사실은 단기적인 유행에 지나지 않는 유사 트렌드들에 속는 경우가 너무나 많다. 미래의 물결을 타려는 서퍼에게 무엇보다 중요한 것은 충분한 높이와 힘을 지닌 좋은 파도를 고르는 눈이다. 변덕스러운 '패드(Fad, 일시적 유행)'에 올라탄 사람들은 미처 자세를 잡아보기도 전에 포말과 함께 가라앉고 만다.

여기 '피자콘'이라는 재미있는 상품이 있다. 피자 도우를 아이스크림콘처럼 만들어 그 위에 토핑을 담아 내놓는 제품이다. 그러나 이것은 소비자 영역의 극적인 변화를 수반하지 않는다. 소비자는 무슨 일이 있어도 편리함을 추구한다는, 기존에 잠복해 있던 니즈의 또 다른 표명일 뿐이다. 따라서 피자콘이라는 상품은 패드일 뿐이고 '편리함의 추구'가 바로 진정한 트렌드다. (www. trendwatching.com 참고)

패드보다 조금 더 큰 파도는 패션(Fashion)이다. 패션은 일시적 유행이 좀더 안착된 상태를 말한다. 이것은 사회가 특정한 스타일을 받아들인 것으로, 역시 트렌드와는 그 기간과 영향력에서 거리가 있다.

트렌드는 유행이 ①장기간(5년 이상), ②사회 전반에 걸쳐 나타난 경우에 붙일 수 있는 말이다. 이 두 가지 조건을 모두 만족해야 진정한 트렌드이고, 이것이야말로 편집자가 정확히 올라타야 할 파도다.

반면에, 하이프(Hype)는 주의를 기울여 살펴야 할 파도이다. 이것은 두 번에 걸쳐 오는 것으로, 첫 번째 파도는 신기술이나 개념의 등장(예를 들면, 전자책 기술이나 클라우드 컴퓨팅)과 함께 촉발되는데, 과대광고를 뜻하는 이름이 말하듯 급격한 흥분기와 실망기로 이루어진다. 거품이 꺼지고 난 후 시간이 흐르고 다시 찾아오는 두 번째 파도는 다시 시장에서 받아들여지는 재모색기와 현실에 적용되기 시작하면서 퍼져나가는 본격 보급기로 이루어진다. 이것은 때때로 5~10년의 긴 사이클을 갖기도 한다(시장조사기관 가트너). 결국 하이프의 첫 번째 파도에 올라탄 사람들은 순식간에 꺼지는 거품과 함께 사라지고 말았다. 따라서 하이프는 첫 번째 파도가 아니라, 실제로 현실에서 적용되기 시작하는 두 번째 파도를 타야 한다.

트렌드를 타기 어려운 두 번째 이유는, 큰 파도를 보고도 겁에 질려 감히 보드 위로 올라설 용기를 내지 못하기 때문이다. 거품에 속았든 용기가 없든, 결과는 마찬가지이다. 결국 누구나 미래에 대한 불확실성을 안고 결정을 내리게 마련이다. 잠깐만 지속되다가 사라지는 반짝 유행이라도 엄청난 기동성과 타이밍으로 치고 빠지는 기획이라면 누가 탓하겠는가? 문제는 트렌드를 발견하고도 용기를 내지 못해 좋은 기회를 놓치거나, 단기적인 패드나 패션을 트렌드로 오인하고 이미 파도가 지나가버린 빈 백사장에 뒤늦게 나타나는 경우이다. 따라서 기획과 집필에 많은 시간이 투자되는 작품을 준비할 때는 눈앞을 어지럽히는 잔물결이 아니라 저 먼 바다에서부터 밀려오는 거대한 파도, 메가트렌드를 마음속에 품고서 작업에 임해야 한다.

두 가지 세계관 : 메가트렌드 vs. 마이크로트렌드

트렌드에는 세상을 보는 두 가지 시각이 얽혀 있다. 세상을 수직으로 나누는 눈과 수평으로 나누는 눈. 편집자는 이 두 가지 관점을 종횡으로 결합해서 세상을 입체적으로 관찰해야 한다. 세상을 수직으로 보는 눈은 트렌드에도 위계질서(Hierarchy)가 있다고 말한다. 『미래에 집중하라』의 마티아스 호르크스에 따르면, 트렌드는 메타트렌드(Metatrend : 진화론과 같은 사회문화 전반을 아우르는 보편적 트렌드) > 메가트렌드(Megatrend : 30~50년 동안의 거대한 변화, 삶의 모든 영역에서 징후를 보이며 그 영향은 글로벌하다. 가령, 세계화, 고령화, 개인화, 디지털화, 신환경주의, 이동성, 새로운 노동, 여성, 건강, 교육) > 사회문화적 트렌드(Social Cultural Trend : 가령, 슬로 라이프스타일을 담은 '느림' '단순화' 트렌드) > 소비자 트렌드(Consumer Trend : 상품의 시장 사이클, 사회적 변화 등의 흐름) 등으로 그 층위를 달리한다. 이 시각을 따르자면 트렌드 인식에 있어서는 항상 상위에 있는 메가트렌드를 주목해야 한다. 모든 하위의 서브 트렌드들은 이를 따르기 때문이다.

반면, '세상은 미세한 점들의 집합체'라는 모토로 세상을 수평으로 바라보는 눈이 있다. 『마이크로트렌드』의 마크 펜, 키니 젤리슨은 "세상 돌아가는 방식을 결정하는 몇몇 거대한 트렌드가 있다는 개념은 이제 무너지고 있다. 대신 이 세계는 얽히고설킨 미로와 같은 선택들에 의해 쌓이고 쌓이는 마이크로트렌드(Microtrend)들에 의해 끌려가고 있다"라고 말한다. 이 시각을 따르자면 트렌드 워칭의 목표는 공통의 니즈와 취향을 토대로 뭉치는 '열성적 주체성 집단'을 찾아내는 것이다.

'특정한 취향의 독자가 모여 있는 곳'이라고 했던 '장르'의 정의를 기억하는가? 트렌드 분석에서도 결국 그 주체인 소비자가 가장 중요한 출발점이 된다. 그렇다면 트렌드를 반영하는 기획의 실마리는 이제 명확해졌다.

저 멀리서 다가오는 거대한 물결들에 주의하면서, 우리의 책을 현상 자체가 아니라 그것을 향유하는 소비자의 다양한 욕구들이 교차하는 지점에 놓을 수 있다면, 편집자는 미래의 파도를 즐기는 영리한 서퍼가 될 수 있을 것이다.

3. 사이클 : 편집자의 사계절

앞서 우리는 시장 예측의 도구로서 트렌드를 살펴보았다. 트렌드
가 직선적인 시간관념에 기반하고 있다면 사이클(Cycle : 주기)은
순환적인 시간관념에 바탕을 둔 개념이다. 사실 우리는 여러 가지
사이클들 속에 얽혀살고 있다. 귀신고래의 피부에 기생하는 따개
비가 고래와 함께 대양을 항해하듯이, 거대한 사이클에 올라탄 사
람들은 그 흐름 속에서 나름의 작은 사이클을 그리며 살아가게 마
련이다. 우리네 삶이 따개비마냥 고래의 유영에 따라 오르락내리
락하고 있다는 생각, 즉 인생에 불가항력적인 사이클이 있다는 생
각을 한 것은 비단 최근의 일만은 아니다.

누구에게나 가라앉는 시기가 있다. 그런데 인생의 크고 작은 부
침을 겪는 사이 자신도 모르게 몸속에 하나의 사이클이 내장되는
데, 이 사이클 덕분에 사람들은 하락의 순간을 견뎌낼 수 있게 된
다. 가라앉으면 떠오르고, 겨울이 가면 봄이 온다는 것을, 머리가
아니라 몸으로 알고 있기 때문이다. 그런데 하강의 사이클을 받아
들이는 태도는 사람들마다 다르다. 먼저 앞장서서 내려가는 사람
이 있는가 하면, 떨어지지 않으려고 발버둥치는 사람도 있다. 그러
나 내리막길을 걷는 가장 좋은 요령은 몸을 웅크려 중력에 자연스
럽게 몸을 맡기는 것, 즉 구르는 것이다. 바닥(변곡점 : Turning
Point)에 빨리 도달할수록 상승의 시간도 그만큼 가까워지기 때문
이다. 『주역』을 풀이한 계사전을 보면, "역이란, 궁하면 변하고 변
하면 통하고 통하면 오래간다(易, 窮則變 變則通 通即久)"고 했다.
궁하다는 것은 바로 사물의 변화가 궁극에 이른 상태, 즉 바닥에
닿은 상태를 말한다.[15]

임계점을 넘어야 물이 끓듯, 변화하기 위해서는 결국 스스로 바닥까지 내려가야 한다. 따라서 '궁하면 통한다'는 인생의 사이클을 아는 사람은 절박함 속으로 자신을 몰아넣는다. 그리고 어떤 순간에도 담담할 수 있다. 절망적인 어둠 속에서도 그의 눈은 희망의 수평선을 향하고 있기 때문이다. 겨울이 되면 편집자들은 한 해를 마감하고 다음 해의 출간작을 점검한다. 그때 필요한 도구가 바로 우리의 여덟 번째 생각도구 사이클이다.

마감 주기

군대에서는 입대 후 사계절의 순환을 겪고 나면 상병이 되는데, 이것은 비로소 하나의 자립단위가 되었다는 인증이다. 직업세계에서도 처음 1년을 살아낸다는 것은 마음속에 확실한 사이클 하나를 심는 것과 같다. 지구가 태양의 주위를 한 바퀴 도는 동안, 신입은 자신이 속한 업계의 사계절을 몸소 겪게 된다. 그렇게 1년을 살아낼 수 있다면 다음 3년을 살아낼 힘을 기른 것이고, 그렇게 3년을 살아낸다면 10년을 그 바닥에서 밥 먹을 수 있는 내공의 기초를 닦은 것이다.

그런데 편집자의 경우에는 이보다 더 작고 기본이 되는 주기가 있다. 바로 마감의 주기이다. 연속간행물의 경우는 이 주기가 월간, 격월간, 계간 등 발행주기에 따라 결정되지만, 단행본의 마감 주기는 대부분 2개월(여기에 편집자의 숙련도와 원고분량 및 난이도에 따라 통상 ±1개월)이다. 마감주기는 편집자가 겪는 모든 사이클들 가운데 가장 기본이 되는 최소주기이다. 이 주기(완성원고 입수―편집/출간―새로운 완성원고 입수)를 어떻게 세팅하느냐에 따라 편집자가 조직에 잘 적응할 수 있느냐, 브랜드가 시장과 효율적으로 만나느냐 그리고 조직 운영이 나름의 활력을 갖느냐 마느냐가 결정된다.

이 과정에서 편집자는 1회성 요소와 반복 요소를 정확히 구분해야 한다. 반복되는 사이클을 이루는 요소들 중 어느 하나만 소홀해도 마감은 고통스러운 고문이 되어 버릴 수 있기 때문이다. 마감주기가 이렇게 삐걱거리면 더 크고 중요한 사이클은 아예 생각조차 할 수 없게 된다. 따라서 최소 사이클을 세팅하는 작업은 지극히 의식적이고 신중하게 이루어져야 한다. 자신이 무슨 일을 하고 있고 그 일의 의미가 무엇인지에 대해 항상 깨어 있어야 한다는 뜻이다.

나뭇잎 하나가 고요한 물 위에 떠 있다. 누군가 돌멩이 하나를 던진다. 잔물결이 일고 그 파동은 동심원을 그리며 멀리 퍼져나간다. 하지만 나뭇잎은 제자리에서 위아래로 움직일 뿐 파동과 함께 멀어지지는 않는다. 파동은 에너지를 전달하기만 할 뿐 이동하지는 않기 때문이다. 무릇 편집자도 이 나뭇잎과 같아야 한다. 한 권의 책을 진행하고 난 후, 실패에 좌절하거나 성취에 취해 매번 자기중심으로부터 벗어나 낯선 곳으로 떠밀려 간다면 다음 프로젝트를 원활히 수행할 수 없는 상태가 되어 버린다. 최소주기를 이런 식으로 세팅해서는 장기적인 노력과 인내가 필요한 출판업계에서는 성공하기가 힘들다. 매번 진행하는 단 한 권의 책에 모든 것을 집중하되, 그 에너지에 상처받지도 그 에너지로 다른 이들을 상처 주지도 말 것이며, 더 크고 긍정적인 에너지로 증폭해서 독자들에게 고스란히 전달해 줄 수 있어야 한다.

예전에 잡지 쪽 선배들을 보면 마감 있는 주의 새벽이면 아예 사무실 근처 포장마차로 데스크가 옮겨가 있는 경우가 많았다. 원고도 기다리고 지친 몸도 달랠 겸, 항상 술기운에 의지해서 마감을 치러냈던 것 같다. 마감 때문에 야근이 늦어지는 날이면 나도 가끔 어울려 술을 얻어 마시곤 했는데, 어린 마음에 그게 얼마쯤 부럽고 낭만적으로 보였다. 지금 생각하면 그건 주기적으로 에너지를 흘려보내는 일종의 의식과 같은 것이었고, 그 사이클에 맞춰 공명하며 나의 보잘 것 없는 에너지도 함께 커나갔던 것 같다.

기획 주기

출판의 경우, 자신의 경력 트랙에 따라 조금씩 달라지겠지만, 대다수 회사에서 신입 편집자가 자신의 기획을 런칭하고 실제 판매 결과까지 확인하는 데는 최소 3년의 시간이 필요하다. 공교롭게도 이것은 편집자들의 평균 이직 주기와도 비슷한데, 이 기간 동안 자신의 기획을 통해 바람직한 순환 고리를 만들어 내지 못한 경우, 대부분의 편집자들은 자신이 소모되고 있다고 느끼고 결국 새로운 가능성을 찾아 떠나기 때문이다. 반대로 회사 입장에서는 3년의 시간 동안 존재가치를 입증하지 못한 편집자를 더 이상 참아주지 못하게 되므로 역시 같은 결과가 나온다. 어쨌든 세상은 이런 동상이몽들로 굴러가게 마련이다.

앞서 마감 주기를 2(±1)개월이라고 설정했는데, 이렇게 되면 한 명의 편집자는 1년에 평균 6~8권의 책을 소화하게 된다. 결국, 한 명의 기획편집자가 10년 동안 만들 수 있는 책은 고작해야 80권 미만이라는 결론에 이른다. 이 80권의 목록을 어떻게 채울 것인가가 바로 편집자들에게 주어진 과제이다. (80권은 편의를 위해 상정한 수이니 이보다 많거나 적다고 속상해하거나 크게 의미를 부여하지는 마시기 바란다.)

『편집자란 무엇인가』의 김학원 대표는 "편집자는 책으로 말한다. 그러나 편집장은 목록으로 말해야 한다"고 말한다. 결국, 마음속에 10년의 사이클을 간직한 사람과 1년의 사이클을 갖고 경기에 임하는 사람은 배트를 쥐는 자세부터가 다르다. 지금 자신이 잘할 수 있는 기획이 있는가 하면, 좀더 시간을 두고 묵히며 깊은 고민과 학습이 선행되어야 하는 기획도 있다. 세상의 재미있는 아이디어들을 모두 묶겠다고 덤벼들어 보았자 10년간 고작 80권도 못 만드는 것이 현실이라면, 장기적인 사이클을 이해하고 그에 맞춰 기획 아이템들을 배분하는 전략이 필요하다. 채 익지도 않은 기획을 서둘러 실현하려고 조바심을 내서도 안 되고, 지금 먹을 수 없다고 지레 포기해 버려서도 안 된다. 가능성 있는 기획 아이템들을 꾸준히 저축해 두다보면, 그것들은 시간이 지나면서 움트고 또 다른 아이디어들을 끌어들일 것이다.

경제학에서는 이러한 배분을 라이프사이클 가설(Life Cycle Hypothesis)로 설명한다. 쉽게 말해 소득이 없는 노후를 대비해 젊어서 저축하고 노년에는 이를 소비한다는 뜻인데, 기획편집자도 직업인으로서의 큰 사이클을 한번쯤 그려보고 그에 맞춰 자신이 평생 동안 만들 수 있는 책과 지금 만들어야 할 책에 대해 고민해 볼 필요가 있다. 여기에 '전략적 유산(Strategic Bequest: 자녀들로부터 존경과 관심을 유지하기 위해 노후에도 상당한 재산을 보유하는 경향)'이라는 개념 한 가지를 더한다면 경력의 후반부는 더욱 풍성해질 것이다. 다소 서글프지만 이것은 엄연한 현실의 문제이다. 당신의 전략적 자산은 무엇인가? 작가 섭외력인가? 기획력인가? 편집마케팅력인가? 경영능력인가? 전략적 유산을 고려하지 않은 채 재능과 열정을 소진한 편집자들은 안타깝게도 현장에서 조용히 사라지고 만다. 편집자의 수명은 결국 그가 어떤 사이클을 지니고 있느냐에 달려 있다. 그러니 매순간 최선을 다하는 노력만큼이나 자신이 대체 어떤 고래의 등에 올라타고 있으며 그 고래가 어디로 향하고 있는지를 냉정히 관찰하는 지혜도 필요하다.

자, 그렇다면 이제 연례적인(Annually) 외서기획의 주기를 살펴보도록 하자(국내 기획은 정례적인 저작권 시장이 따로 있는 것이 아니므로 주기를 논하기 애매한 부분이 있어 생략한다). 먼저, 3월에 열리는 런던도서전에서 그해 프랑크푸르트 도서전에 앞서 진행중인 책들의 집필계획(Proposal)이 공개되고 그 상태에서 주인을 찾게 된다. 비중 있는 작품들은 이때 이미 임자가 정해진다. 심지어 2~3년 후 집필완료 예정인 도서조차 입도선매되기도 한다. 완성작과 출간작들의 저작권이 거래되는 것은 물론이다. 5월의 미국도서전(BEA), 7월의 동경국제도서전, 9월의 북경국제도서전을 거치고 나면, 10월에는 세계최대 규모의 프랑크푸르트 도서전이 열린다. 여기서는 출판사와 에이전시별로 저작권 가이드(Rights Guide)가 제공되고 이곳을 통해서 이루어지는 거래가 전 세계 도서 저작권의 25%를 차지한다고 한다. 이때 계약된 책들은 대개 다음해 국내 도서시장의 주요 상품들이 되게 마련이다. 따라서 자신이 국내서 기획편집자라 할지라도 도서전에 소개되는 외서의 트렌드와 흐름을 살펴보는 것은 자신이 맞이할 경쟁자들에 대해 준비할 수 있는 기회이므로 결코 소홀히 할 수 없는 작업이다. 이 사이클에서 편집자가 집중해야 할 단 한 가지는 최초 제안되었던 콘셉트가 원고로 정확히 구현되었는지 그리고 이것이 지금 우리에게 절박하고 그래서 통하는 아이템인지, 바로 '궁즉통(窮則通)한 기획인지'이다.

예측 신경세포와 사이클

조나 레러의 『탁월한 결정의 비밀』을 보니, 최근 새롭게 '예측 신경세포'의 존재가 밝혀졌다고 한다. 우리가 '감'이라고 부르던 것을 관장하는 존재가 드디어 모습을 드러낸 것이다. 이 신경세포는 반복되는 경험에서 일정한 패턴을 찾아내 기억하고 있다가, 그 패턴에서 벗어나는 것을 이성이 인지하지 못하는 디테일 단위에서 감지하여 일종의 경고 신호를 보낸다고 한다. 우리가 어떤 일을 진행하며 명쾌하게 설명하지는 못하지만 "뭔가 이상한데?" 하고 느꼈던 위화감에 바로 문제해결의 실마리가 들어 있었던 것이다. 그런데 이것은 말콤 글래드웰이 『아웃라이어』에서 밝힌 '1만 시간의 법칙'과도 일맥상통하는 부분이 있다. 소위 베테랑들이 보이는 성공의 패턴은 일정한 시간의 경험이 누적되어 하나의 임계점을 넘어서는 순간에 발휘된 것이라는 주장이다. 앞서 마케팅을 '감'이 아니라 과학이라고 했던 걸 생각하면 과연 이 감과 과학 사이에서 어떤 판단을 내려야 할지 혼란스러울 것이다. 나 역시 그렇다. 소위 '선수'라고 하는 베테랑들이 말하는 감이라는 존재를 우리는 어떻게 다루어야 하는가? 게다가 한 술 더 떠 조직 안에서 의사결정의 주체들이 서로 감이 다를 경우에는? 여기서 사이클의 중요성이 빛을 발한다. 감이라는 것은 세월만 보낸다고 만들어지는 것이 아니라 날카롭게 날이 선 '촉(觸)'이 없으면 만들어질 수 없다. 그러니까 누구의 촉수가 더 예민하게 작동하고 있었느냐에 따라 감의 질도 차이가 나게 마련인 것이다. 이 촉수를 단련시키는 것이 바로 사이클이다. 수많은 런칭과 그 결과에 대한 데이터가 반복 누적되면서 한 사람의 베테랑이 탄생한다. 따라서 한 사람이 지닌 감이란 그가 어떤 사이클을 경험했고, 그 사이클을 다시 성공적으로 재현

해낼 수 있느냐에 달려 있다. 그러니 막연한 '감'을 예측 가능한 '과학'으로 전환하고 싶은 사람들은 자신을 둘러싼 조직 내의 크고 작은 사이클들이 잘 돌아가고 있는지부터 먼저 점검해야 할 듯하다.

4. 콘셉트 : 기획에 필요한 다섯 가지 눈

상상해 보자. 당신이 눈을 떴을 때 세상은 온통 암흑천지다. 너무 캄캄해서 자신의 손조차 보이지 않는 그런 완벽한 어둠. 시각이 작동하지 않으면 시공간에 대한 개념조차 사라진다. 대체 여기가 어디고 지금은 언제인가? 불안이 공포로 변할 때쯤, 갑자기 불꽃이 일며 멀리서 한 줄기 등불이 타오른다. 비로소 뇌가 시신경이 보내오는 이미지들을 처리하기 시작한다. 등불까지의 거리를 가늠해서 지금의 위치를 파악하고, 일렁이는 불빛으로 주변의 사물들을 인식한다. 당신은 이제 이 불빛을 따라 어둠 속을 헤쳐나갈 것이다. 이 불빛이 바로 콘셉트(Concept : 어떤 작품이나 제품에서 드러내려고 하는 주된 생각)이다. 콘셉트는 편집자뿐만 아니라, 저자, 디자이너, 마케터 등 작업에 참여하는 모든 이들이 함께 따르고 의지해야 할 등불과도 같다.

도구상자의 첫 번째 서랍에서 이 주제를 다루지 않아 의아하게 생각한 눈 밝은 독자 분도 계실 것이다. 하지만 책의 콘셉트는 콘텐츠 자체만이 아니라, 책을 둘러싼 시장 상황까지를 고려한 후에야 비로소 선명하게 드러난다. 따라서 좋은 기획은 콘텐츠와 마켓, 양자를 모두 고려한 균형 잡힌 시각에서 탄생한다. 그래서 우리가 다룰 아홉 번째 생각도구는 바로 그런 기획에 필요한 눈, 콘셉트이다.

콘셉트를 다듬는 다섯 가지 단계

프로젝트가 진행되는 동안 편집자는 몇 가지 중요한 임무를 부여받는다.

첫 번째는 자신만의 색깔로 선명하게 타오르는 등불을 밝히는 일이다. 콘셉트의 어원은 콘시피오(Consipio)인데 이것은 수태(受胎)를 뜻하는 말이다. 결국 한 권의 책을 만드는 과정은 생명의 씨앗을 잉태하듯, 마음속에 콘셉트라는 불씨를 품고 그것을 키워나가는 작업과 같다.

두 번째는 이 불을 중심으로 사람들을 모으는 일이다. 콘셉트는 저자에게는 길 잃은 스토리를 이끄는 테마를 잡아주고, 마케터에게는 시장에서의 포지셔닝을 도와주는 핵심 키워드이며, 디자이너에게는 백지 위에 형상을 만드는 기본적인 에너지가 된다. 따라서 이들 모두가 원활히 소통하는 네트워크를 만드는 일은 편집자의 몫이 된다.

세 번째는 프로젝트가 끝날 때까지 불씨가 꺼지지 않도록 돌보는 '불 지킴이'의 역할이다. 책을 만들다보면 기획이 추동력을 잃고 엎어지는 경우가 있는데, 대부분의 경우 편집자가 불씨를 꺼뜨려 의욕을 잃은 경우일 때가 많다. 이미 마음으로부터 진 싸움에 출전하고 싶은 이가 어디 있겠는가? 그러니 마음속 깊은 곳의 소중한 불은 절대 꺼뜨려서는 안 된다. 그 불꽃이 반드시 맹렬하고 뜨겁게 타오를 필요는 없다. 사그라져가는 깜부기불이라도 다시 타오를 수 있다는 잠재력만으로도 매혹적일 수 있다.

이처럼 어둠을 밝히는 등불의 은유가 중요한 것은 기획이 '본다(See)'는 행위와 관계되어 있기 때문이다. 제우스신으로부터 불을 훔쳐 인간에게 주었던 프로메테우스가 '미래를 보는 자'였던 것처럼, 어둠 속에서 시야를 열어주는 등불과 같은 콘텐츠에는 사람들이 기꺼이 비용을 지불한다. 독자들은 자신에게 필요한 등불(콘셉트)을 가진 책을 사게 마련이다. 책을 사는 것은 곧 눈을 사는 것이다. 한자어에서 '시(視)'는 '볼 견(見)' 자에 '보일 시(示)'를 합쳐서 만들어졌다. 시(示)의 자원(字源)은 제사상의 상형인데 '귀신'이라는 의미도 지녔다. 따라서 '시(視)'는 '귀신이 미래를 본다'는 의미를 지닌 글자라고 한다. 따라서 기획자는 미래를 읽고 독자들의 안목을 충족시키기 위해 다음과 같은 다섯 가지 '시 단계'를 염두에 둘 필요가 있다. 이 과정을 통해서 콘셉트는 좀더 밝고 선명해진다.

①시점(視點) : 가장 먼저 시점이 결정되어야 한다. 같은 재료라도 어떤 시점에서 접근하느냐에 따라 전혀 다른 결과물을 얻을 수 있기 때문이다. 시점은 소재를 보는 새로운 눈이다. 2009년 한 해에만 30만 부 가량의 판매치를 기록한 『넛지』는 경제학자와 법학자가 만나 새로운 시점으로 들여다본 세상이라는 신선한 포맷으로 성공을 거둘 수 있었다. 따라서 기획을 진행함에 있어 첫 번째는 누구의 시점으로 접근할지부터 결정하는 것이다. 디테일한 소재들은 그 뒤에 고민할 문제이다.

②시선(視線) : 시점이 정해지고 나면 다음으로 시선을 결정해야 한다. 시선은 말 그대로 눈이 가는 방향이다. 이것은 특별히 집중해서 살펴볼 관심 영역의 설정과 관계된 것으로, 올바른 방향성을 말한다. 때때로 어떤 상황에서 무엇을 보느냐가 바로 그 사람혹은 그 기획을 결정하기도 한다. 그래서 시선은 대상을 바라보는 눈이 따뜻한지 혹은 차갑고 냉정한지를 드러내기도 하며 이에 따라 작품의 결은 사뭇 달라진다. 『넛지』는 행동경제학의 이론을 통해 우리의 일상을 지배하는 선택설계자들의 세계를 명쾌한 시선으로 바라본다.

③시계(視界) : 시야(視野)와 같은 말로, 시력이 미치는 범위를

말한다. 사전조사를 게을리 한 기획은 필연적으로 시야가 좁아진다. 미처 검토하지 못한 자료 속에 기획의 결론을 뒤바꿀 만한 핵심 아이디어가 들어 있을 수도 있다. 따라서 시선이 정해지고 나면 그 안에서 가능한 넓은 시야를 가질 수 있도록 노력해야 한다. 한편, 기획자는 이와 관련해 시정(視程)도 고려해야 한다. 시정이란 목표물을 명확하게 식별할 수 있는 최대 거리로서 대기의 혼탁도를 나타내는 척도로 쓰인다. 이런 관점에서 보면, 좋은 기획이란 대상을 가리는 짙은 안개를 뚫고 그 진정한 상을 드러내 보이는 기획인 것이다. 그러니까 기획자는 때때로 악천후 속에서 시계를 확보해서 활주로에 이착륙해야 하는 항공기 조종사와도 같다.

④시각(視角) : 시계를 확보하는 것만큼 중요한 것은 디테일을 얻을 수 있도록 소재에 충분히 가깝게 접근하는 것이다. 시각은 시선과 시계에 의해 결정된 소재들 속에서의 선택과 집중에 관한 문제로서, 말하자면 본격적인 취재 연구에 해당한다. 『넛지』의 경우 행동경제학자와 법학자가 서로의 사각(死角)을 보완하여 주제에 입체적으로 다가갈 수 있었다.

⑤시력(視力) : 시력이란 기획이 지닌 에너지다. 이 에너지는 콘셉트를 구체화할 수 있는 상상력을 말한다. 마음의 눈으로 심상(心想)을 그리는 이 디자인 능력이야말로 기획자에게 가장 중요한 능력이다. 관련하여, 선마크출판의 대표 우에키 노부타카는 "책이란 상념의 물질화 현상"이라고 말한다. 즉 책이란 단순한 물질이 아닌 생각의 에너지이고, 입소문이란 책의 에너지가 너무 커서 그 책을 다 읽은 독자가 더 이상 몸속에 가둬둘 수가 없어 또 다른 독자에게로 전파하는 현상이라고 설명한다. 따라서 그의 주장에 따르면 책에 더 큰 에너지를 담기 위해 다각도의 노력을 기울이는 것

이야말로 기획자의 역할이다.

이 다섯 단계를 거치고 나면 비로소 자신만의 콘셉트가 선명하게 도출된다. 비로소 등불이 켜진 것이다. 여기에 프로젝트 팀이 결성되고 이들과 함께 의견을 주고받으며 자신의 견해를 조정하는 과정을 거쳐 비로소 '본다'는 것은 '시(視)'에서 '관(觀)'의 단계로 들어설 수 있게 된다. 관은 자신의 좁은 견해를 버리고 치우침 없이 중심에서 보는 것이다. 불교에서는 세상의 돌아가는 내용을 듣고 느끼는 것을 '관세음(觀世音)'이라 하는데, 볼 수 없는 소리 (音)를 '본다' 함은 인간의 고뇌를 파악한다는 의미라고 한다. 즉, '관'은 표면적인 현상을 보는 것이 아니라 내재적 본질을 보는 것이라고 할 수 있다. 이렇게 해서 세련되고 단련된 콘셉트는 작품의 '세계관(世界觀)'으로 연결되는 것이다.

프레임과 포커스

마음속에 하나의 콘셉트를 품는다는 것은 새로운 프레임(Frame)을 갖는다는 것과 같다. 어떤 프레임을 갖느냐에 따라 끌려오는 것이 달라진다. 한 가지 생각에 빠져 있는 사람에게는 세상이 온통 그것에 관련된 것으로 보이게 마련이다. 아르키메데스의 발견이나 뉴턴의 만유인력도 그저 어느 날 법칙이 하늘에서 뚝 떨어진 것이 아니라, 마음속에 질문을 품고 그 '질문의 프레임'으로 세상을 바라본 결과로 나타난 것이다.

프레임이 화면에 담길 피사체를 선정하고 구도를 결정하는 과정, 즉 새로운 시각으로 소재를 바라보고 배치하는 과정이라면, 포커스(Focus)는 소재가 주제에 정확히 복무하느냐를 다루는 과정이다. 앞서 소개한 선마크출판의 우에키 노부타카 대표는 책에 에너지를 불어넣는 구체적인 방법을 다음과 같이 말한다.

"단행본은 잡지와 달리 깊이 파내려가는 작업입니다. 송곳으로 구멍을 파듯 어느 한 장르를 계속해서 깊이 파내려가는 것이죠. 지금까지 나온 히트작을 돌이켜보면 제목을 어느 한 부분에 초점을 맞춰, 제한된 색깔로 호소하면서 히트를 친 책들입니다."

그러니까 포커스는 독자의 마음을 뚫는 송곳과 같다. 이때 기획의 초점이 어디에 있느냐에 따라 특정 부분은 선명하게 잡히고 또 다른 부분은 아웃포커스(Out-Focus) 되어 흐릿하게 표현된다. 이런 의도적인 초점 조절이 작품에 독특한 효과를 부여하고 매력을 만들어 낸다. 강력한 콘셉트는 이처럼 남다른 프레임과 집요하게 파고드는 포커싱을 통해 탄생한다.

하이 콘셉트

한 권의 책을 진행하는 데 있어 콘셉트란 너무나 중요해서 어느 한 사람에게만 맡길 수 없는 불씨와도 같다. 똑같은 책을 진행하며 누군가는 '이 책은 말하자면 『넛지』의 자기계발 버전이군'이라고 이해하고, 또 누군가는 '이 책은 『괴짜심리학』의 재탕이구만'이라고 이해하고 있다면 각자가 전혀 다른 상을 가지고 작업을 하는 셈이다. 따라서 편집자는 저자, 디자이너, 마케터 등 작업에 참여하는 모든 이들이 서로 다른 불빛을 보고 따라가지 않게 등불을 높이 들고 함께 키워가도록 격려해야 한다. 이 과정에서 편집자는 하이 콘셉트의 도움을 받을 수 있다.

히스 형제는 『스틱!』에서 헐리우드 사람들이 하이 콘셉트(High-Concept)라고 부르는 핵심 메시지 사용법을 소개한다. 가령, 영화

「스피드」는 「다이하드」의 '버스 버전'이고 「에일리언」은 '우주선 버전의 「조스」'이다. 「아바타」는 'SF버전 「늑대와 함께 춤을」과 「원령공주」'의 짬뽕쯤? 핵심을 찾고 그것을 비유의 힘을 통해 간결하게 표현함으로써 메시지를 전달하는 것. 이것이 바로 작품의 하이 콘셉트가 되는 것이다.

모두의 마음속에 같은 그림을 떠올리게 만드는 힘이야말로 프로젝트를 이끄는 편집자에게 절대적으로 필요한 힘이다. 따라서 자신의 콘셉트를 단순화하되 핵심을 잃지 않는 수준까지, 줄이고 또 줄여야 한다. '콘셉트가 강해지는 기획 워크샵'의 김민기 단장은 아이디어를 콘셉트로 전환하려면 '1000자 노트'로부터 시작하라고 말한다. 이것을 '200자 정의'로 줄이고, 다시 '30자 콘셉트'로 줄이면 비로소 프로젝트를 이끌 수 있는 등불이 오른 것이다. 그런데 하이 콘셉트는 이보다 더 단순화해서 단 한 줄로 통하는 메시지를 만들 것을 요구한다. 하이 콘셉트는 비유의 힘을 통해 이미 존재하는 도식을 활용함으로써 새로운 개념을 이해하고 배우는 과정을 놀랍도록 가속화시킬 수 있다.

최근 ABC뉴스의 보도에 따르면 뇌의 시각피질은 시신경의 도움 없이도 이미지를 그릴 수 있다고 한다. 이 말은 시각장애인이라도 뇌의 시각피질 기능은 살아 있기 때문에 시신경이 보내는 영상이 도달하지 않아도 청각이나 다른 감각 자료를 종합해 이미지를 구성할 수 있다는 것이다. 결국, 세상의 소리(본질)를 보는 '관세음(觀世音)'에 콘셉트의 진실이 숨어 있는 것은 아닐까? 팀원들이 하나의 그림을 보게 만드는 힘, 그것은 기획자만이 아니라 모든 리더의 기본 자질이기도 하다. 따라서 좋은 기획자, 나아가 좋은 리더가 되고 싶다면 콘셉트력에 목숨을 걸어야 하는 것이다.

5. 브랜드 : 출판사의 지문

마침내, 시장 설계의 마지막 도구를 소개할 시간이 왔다. 말콤 글래드웰의 『아웃라이어』를 보니, 버클리 대학교에는 학생들의 잘못된 문제 풀이 습관을 떨쳐내는 데 도움을 주는 '문제 해결'에 대한 강의가 있다고 한다. 이 강의에서는 첫 주를 헛되이 흘려보내면 절대 풀지 못하고, 또 문제를 받자마자 성급히 덤벼들면 좌절해서 포기하게 되는, 그러니까 문제를 푸는 데 꼬박 2주가 필요한 과제를 내주며(실은 교수조차 풀지 못하는 문제를 내준다고 한다.) 마감이 닥쳐서야 과제에 손을 대는 버릇을 초장부터 바로잡는다고 한다. 처음, 이 원고를 『기획회의』에 연재할 때 2주마다 돌아오는 마감이 내게는 그런 어려운 숙제와 같았다. 첫째 주는 과제의 거대함에 압도되어 포기하고 있다가, 둘째 주는 엉뚱한 읽을거리들에 홀려 헛되이 시간을 흘려보내고는, 결국 마감을 하루 앞두고서야 부랴부랴 밤을 새는 일이 반복되었다. 그런데 어느덧 열 번째 도구를 꺼내 들고 보고 있자니, 앞서 익혔던 아홉 가지 도구들은 어쩌면 이 마지막 도구를 성공적으로 사용하기 위해 거쳐야 했던 필수 과정이었는지도 모르겠다는 생각이 든다. 이제 우리의 열 번째 생각 도구, 브랜드(Brand)와 만나 보자.

브랜드란 한마디로 상표다. '어떤 간판을 걸고 장사를 할 것인가'에 대한 문제인 것이다. 이것은 달리 말하자면, '영속하는 힘'에 대한 갈구이다. 이렇게 거창하게 표현했다고 해서, 브랜드가 무슨 출판의 절대반지나 된다는 소리는 아니다. 하지만 적어도 마케팅에서는 강력한 영향력을 발휘하는 것만은 사실이다. 이것은 누구와 거래할 것인가의 문제이기 때문이다. 스타일이 책에 남은 작가의 지문이라면, 브랜드는 출판사의 지문이다. '브랜드가 있다'는 것은 여러 출간작들을 관통하는 일관된 지향이 보인다는 것이고, '그 출판사의 책이라면 믿고 살 수 있다'는 독자층이 존재한다는 것을 말한다. 따라서 단품 하나의 성공만으로 브랜드가 완성되는 것은 아니다. 물론 베스트셀러가 나오면 기존 구간의 매출도 동반 상승하는 경향이 있다. 하지만 그건 일시적인 착시현상일 뿐이다. 장수 브랜드는 수많은 사람들의 노고로 출간작들을 한 권 한 권 쌓아가는 인고의 세월 속에서 탄생한다. 그러니까 결국 브랜드 관리란 '우공이산(愚公移山)' 정도의 각오와 뚝심이 필요한 일이다. 아무리 시장성 있는 아이템이라 해도 고객과의 '브랜드 약속(고객이 브랜드를 찾을 때 기대하는 것)'에 위배된다면 과감하게 포기할 수 있는 것. 이것이 바로 브랜드 출판의 중요한 기준이 된다. 이 약속 자체가 없거나, 있다 해도 편의에 따라 수시로 바뀌는 출판사는 이름은 있으되, '브랜드가 있다'고는 감히 말할 수 없다. 그러나 모든 어려움을 이기고 고객들의 마인드에 브랜드가 제대로 포지셔닝 되기만 한다면, 그 동안의 노력은 보상받고도 남음이 있다. 신용사회를 지탱하는 것은 신뢰고, 브랜드 가치란 결국 소비자가 보내주는 '신뢰의 값'이니까 말이다. 따라서 마케팅의 모든 것은 궁극적으로는 브랜드 문제로 귀결되게 마련이다.

실체와 인식

그렇다면 과연 브랜드에 있어 핵심적인 문제란 무엇인가? 그것은 브랜드의 실체(상품)와 고객들의 마음속에서 인식되는 이미지 사이의 차이이다. 여섯 번째 생각도구 '포지셔닝'을 통해 이미 살펴봤듯이, 실체보다는 인식이 중요하다. 인식에서도 '나'보다는 '너'가, '너'보다는 '우리'의 인식이 중요한데, 개별적인 나와 너는 영향력 있는 집단(The Influentials: 입소문 전파자)의 구매패턴을 모방하면서 '우리'에 속해 있다는 소속감과 안정감을 갖게 되기 때문이다. 따라서 목표 고객들이 믿고 추종하는 입소문 전파자들의 브랜드 인식을 공략해야 한다.

세계적 광고회사 팰런 월드와이드의 창업자 팻 팰런의 『창의력 오렌지』를 보면, 광고 수익이 줄어 곤경에 처했던 음악전문지 『롤링스톤』이 광고주들을 유치하기 위해 실행했던 지면 광고에 대한 이야기가 나온다. 젊은 매체 구매자들은 이 잡지에 광고를 싣는 데 별다른 거부감이 없었다. 반면, 히피문화에 대항하며 살아온 그들의 영향력 있는 상사들은 『롤링스톤』을 한물간 잡지로 여겼다. 『롤링스톤』의 문제는 한마디로 인식의 문제였다. 그래서 팰런의 카피라이터는 『롤링스톤』의 실제 고객층을 알기 쉽게 표현하기 위해, 왼쪽에는 '인식'이라는 제목을 단 덥수룩한 수염의 히피족을, 오른쪽에는 '현실'이라는 제목 아래 잘나가는 20대 후반 젊은이의 모습을 실었다. 광고가 게재된 후 『롤링스톤』의 지면 판매율은 17.8%가 늘고, 할인율도 유리하게 조정되어 광고수입은 47%나 급증했다고 한다. 『롤링스톤』이 기존 콘텐츠나 제작, 유통, 가격 등에 아무런 변화도 없이 이런 결과를 얻어낸 것은 브랜드에서 인식의 문제가 얼마나 중요한지를 보여주는 단적인 사례다.

출판에서도 인식의 문제는 중요하다. 최근 대형 출판사들의 세계문학전집 출간이 본격화되고 있다. 동일 작가의 퍼블릭 도메인(Public Domain: 저작권이 소멸된 저작물)들이 서로 다른 한국어 번역본들로 쏟아져 나오면서 본격적인 브랜드 전쟁이 시작된 것이다. 조지 오웰의 『1984』의 경우 현재 10여 종 이상이 출간된 상태이다. 독자들의 마인드에 '세계문학 전문 출판사'의 포지셔닝을 선점하고 있는 브랜드가 유리한 싸움을 벌일 것은 자명한 일이다. 그렇다면 오랫동안의 준비와 노력으로 새로운 세계문학의 지형도를 선보이고 있음에도(실체) 독자들의 인식 속에 세계문학 전문 출판사로서의 이미지가 없는 경우라면(인식), 이 괴리를 극복하기 위해서 어떻게 해야 하는가?

창의적 발상을 가로막는 '죽은 원칙'들로부터 자유로워진다면, 새로운 포지셔닝이 불가능한 것만은 아니다. 그리고 무엇보다 중요한 것은 독자들의 인식을 단번에 바꿀 만한 그 무엇을 찾는 조급증이 아니라, 한 권 한 권 독자와 만나면서 오랜 시간 자연스럽게 이루어지는 커뮤니케이션이 신뢰의 기본이라는 것을 인식하는 일이다.

그럼에도 상황을 타개할 수 있는 원칙을 찾는 분들께는 팰런 월드와이드의 접근법을 소개해 드리고 싶다. 브랜드 이미지와 실체의 문제를 수정하기 위한 팰런의 접근법은 먼저, 브랜드가 갖는 '특유의 감성'을 찾는 데서부터 시작된다. 그러니까 경쟁회사가 미처 발견하지 못했거나 간과한 '감성적 진실'을 찾은 다음에 브랜드와 소비자의 삶을 연결하는 분명한 메시지를 만들어 어필하라는 것이다. 이렇게 소비자와의 끈이 연결된 후에야 비로소 본격적인 브랜드 약속과 세일즈 토크(Sales Talk)가 가능하다는 것이다.

이 과정에서 '브랜드'는 다시 우리의 생각도구 '스토리'와 만난다. 앞서 우리는 '이야기란 사실을 기억하는 방식이다'는 정의를 살펴보았다. 즉, 기억을 저장하는 과정에는 필연적으로 감성이 끼어들게 마련이며, 구매 의사결정 역시 감성의 바탕 위에서 이루어진다는 것이다. 따라서 브랜드 역시 소비자와 스토리를 통해 연결될 때 가장 강력한 힘을 발휘한다.『창의력 오렌지』에서 팻 펠런은 이렇게 말한다. "감성보다 논리를 앞세우다가 거의 자멸에 가까운 결과를 자초하는 마케터들이 종종 있다. 우리가 '특유의 감성'을 찾아내라고 직원들에게 강조하는 이유도 그 때문이다. 반면, 비즈니스맨들의 우뇌에 이르기 위해서는 항상 좌뇌를 거쳐야 한다. 다시 말해 어떤 광고든 '현명함(Smart)'이 먼저고 '흥미(Exciting)'는 그 다음이어야 한다(반면에 소비자들은 이와 정반대를 선호한다)." 이 말은 실제 소비자들에게 감성적으로 다가가기 위해서는 마케팅 과정에서 만나는 비즈니스맨들의 필터를 현명하게 돌파해야 하는 어려움이 있음을 뜻한다. 그러니까 기존의 인식을 뒤집는 새로운 포지셔닝을 수행해야 할 때는, 언론 홍보, 유통의 과정에서 만나는 비즈니스맨들의 좌뇌를 경유해서 독자들의 우뇌로 진입하는 경로만을 고집스럽게 반복할 게 아니라, 독자들의 우뇌로 직행하는 새로운 경로를 찾아내야 한다. 그리고 이 험난한 과정 자체가 바로 브랜드의 새로운 스토리가 되도록 만드는 것이다.

나의 브랜드 런칭 실패기

솔직하게 말하자면, 나는 성공적인 브랜드 런칭에 대해 이러쿵저러쿵 말할 자격이 없다. 예전 회사에서 기획하고 런칭했던 브랜드는 고작 수십 편의 책을 내고는 시장에서 자취를 감추고 말았고, 런칭에 관여하고 1년 동안 직접 운영했던 웹진은 지금 흔적도 없이 사라져버렸다. 기획자나 브랜드에 열정을 가진 담당자가 사라지고 나면 브랜드도 함께 사라지는 이 고질적인 문제는 성공적인 브랜드 런칭이 얼마나 어려운지를 극명하게 보여 준다. 반면, 창립

멤버의 존재 여부와 무관하게 조직의 문화 속에 브랜드의 DNA가 녹아 있다면 브랜드는 대를 이어 롱런할 수 있다. 조직문화를 통해 자연스럽게 브랜드의 목소리가 나오기 때문이다. 이것은 제품에 무의식적이고 자동적으로 새겨지는 출판사의 지문이기 때문에 의식적이고 전략적인 접근보다 오히려 더 중요하다. 그런데 역설적이게도 이 모든 것을 가능하게 하는 출발점은 결국 성공한 한 권의 책이다. 한 권의 책으로 브랜드가 완성되지는 않지만, 그 시작은 결국 한 권의 베스트셀러로부터 비롯된다는 것이다. 이것은 책으로 모든 것을 말해야 하는 출판의 숙명이다. 브랜드의 실체가 어떻든지 대중적으로 인식할 만한 책이 없다면, 시간이 갈수록 실체와 인식 사이의 괴리는 커져가고 커뮤니케이션의 비용은 증가해서, 결국 브랜드는 추진력을 잃고 흐지부지하다가 시장에서 퇴출되고 만다. 이것이 바로 런칭 초기에 브랜드 전체를 견인할 베스트셀러가 시급한 까닭이다.

8년 전, 새로운 브랜드 런칭을 준비하고 있을 때, 선배 한 분이 지나가는 말처럼 조언을 했다. "첫 번째 책이 가장 중요하다. 기회는 한 번밖에 없다고 생각해." 당시만 해도 나는 그 말의 진정한 의미를 몰랐다. 그저 내가 상상해왔던 책을 마음껏 만들 수 있다는 꿈에 부풀어서 브랜드 이름에서부터, 슬로건, 비주얼 시스템의 개발에 정신이 팔려 있었다. 어쨌든, 이름을 붙이고, 새로운 의미를 부여하고, 로고를 통해 형상화하는 작업은 한 권의 책을 만들 때와는 전혀 다른 쾌락을 선사했다. 그렇지만 그 과정에서 나는 여러 가지 금기를 동시 다발적으로 범하고 말았다. 일단 내부적으로 마인드 통합에 실패해서 시작부터 적을 만들고 말았다. 덕분에 심혈을 기울인 첫 책은 초도 배본을 끝으로 창고에 쌓인 채 한 달간이

나 배본이 정지되고 말았다. 추가 주문에 한 달간 대응을 못하자 주문은 자연스럽게 끊어졌고, 이후에 출간된 후속작들도 자연스럽게 힘이 빠져 버리고 말았다. 이 상황에서 나는 한 가지 실수를 더 하고 말았다. 첫 책의 배본에 문제가 있는 상태에서 그걸 해결하지도 않은 채 나머지 출간 일정을 무리하게 강행한 것이다. 거기에는 단품 하나의 성패에 연연하기보다, 시장에 꾸준하게 책들을 풀다 보면 브랜드 정체성은 자연스럽게 자리 잡을 거라는 순진한 생각이 깔려 있었다. 마케팅의 중요성을 몰라도 너무 몰랐던 것이다. 그런 패착에는 후속작들에 대한 자신감도 한몫했다. 하지만 조직 내부의 구조적인 문제를 풀지 못한 상태에서 독자와 커뮤니케이션 하겠다는 생각은 실패를 준비하는 것과 다름없었다. 사실 지금 와서 생각해 보면, 그때 가장 시급했던 것은 단 한 권의 성공작이었다. 출판에 있어 성공적인 책보다 효율적인 메시지 전달은 없기 때문이다. 아무리 훌륭한 미션과 비전을 갖고, 명확한 브랜드 슬로건으로 무장했다 하더라도 그것을 구현한 단 한 권의 책을 제시하지 못한다면, 그 브랜드의 커뮤니케이션은 헛될 뿐이다.

자, 이쯤 되면 현명한 독자 여러분은 오래 전 나의 실패로부터 교훈을 얻었으리라 생각된다. 베스트셀러 하나로 브랜드가 완성되지는 않는다. 하지만 베스트셀러 없이 브랜드를 끌고 갈 수 있기를 바라는 것도 너무 순진한 생각이다. 결국 서둘러 종 수를 늘려가는 것보다 중요한 일은 브랜드 정체성을 구현하고 있는 책 한 권 한 권의 판매에 공을 들이는 일이다. 이처럼 베스트셀러가 중요한 이유는 '무슨무슨 책을 출간한 집'이라는 하이 콘셉트로 이후의 세일즈 토크를 쉽게 풀어갈 수 있도록 도와주기 때문이다. 여기에 더해, 시류를 좇는 얄팍한 기획이 아니라 '우공이산'의 뚝심으로 자신의 브랜드 약속을 성실히 지켜 간다면 고객들은 브랜드 로열티 (Brand Loyalty)로 이에 화답할 것이다. 게다가 좋은 브랜드는 자연스럽게 좋은 인재와 작가를 끌어들인다. 함께 일하고 싶은 출판사는 결국 내가 읽고 싶고, 만들고 싶은 책을 내는 출판사이기 때문이다. 그런데 앞서 서두와는 전혀 다른 결론이라고? 이것이야말로 인식(이상)과 실체(현실)의 사이이다. 이 둘을 만나게 하는 조화는 당신의 몫이다.

chapter 4

마음가짐 설계

마음가짐 설계

1. 놀이 : 열정의 작동 버튼

여기 열정을 잃어버린 한 남자가 있다. 오래 전, 그의 가슴 한복판에는 놀이 버튼이 있었다. 그 버튼을 누르면 지겨운 일은 즐거운 놀이가 되고, 두려운 경쟁은 재미있는 게임이 되었다. 그런데 나이가 들고 세상의 쓰고 단 맛을 알아갈 때쯤, 어느 순간 버튼이 사라지고 없었다. 그는 생각했다. '애초에 놀이 버튼 따위는 존재하지도 않았던 거야.' 그 뒤로 남자는 TV에서 다른 사람들이 즐겁게 노는 걸 멍하니 바라보며 하루의 대부분을 무표정한 얼굴로 보냈다. 그러던 어느 날, 남자는 자신의 밋밋한 가슴에서 희미한 얼룩 하나를 발견했다. 그는 혹시나 하는 마음에 그 흔적을 눌러도 보고 비틀어도 보았다. 그러나 역시 아무 일도 일어나지 않았다. '놀고 있네.' 그는 겸연쩍은 마음에 피식, 자조했다. 스스로를 비웃는 사람을 다른 사람이 비웃을 수는 없다. 그렇게 그는 오늘도 실없는 웃음으로 사라진 단추의 헛헛함을 달래며 자신만의 '혼자 놀기'에 빠져 있다.

  이 사람은 누구인가? 작가와 독자 사이에서 어정쩡한 자세로 서 있던, 열정을 잃어버린 편집 기술자이다. 편집은 혼자 놀기가 아니다. 낯선 인물과 새로운 사상들에 마음을 열고 한바탕 어울려 놀수 있는 능력이다. 그런데 익숙한 도구와 익숙한 생각에 스스로를 가두는 순간, 편집은 어느덧 지루한 일이 되고, 편집자는 타성에 빠진 편집 기계가 된다. 그가 열정을 잃어버렸다기보다는, 열정이 그를 떠난 것이다. 그는 과연 떠나버린 열정의 작동 버튼을 다시 찾을 수 있을까? 둘러보라. 지금 당신의 주위에 어떤 사람들이 있는가? 그사이 당신을 떠나간 사람들은 누구인가? 힌트는 여기까지. 이 질문에 답하기 위해서는 도구상자의 세 번째 서랍을 열어야한다.

세 번째 서랍에는 편집자의 마인드를 위한 열한 번째 생각도구, '놀이(Play)'가 들어 있다. 놀이는 선배들의 작품을 모방하며 편집의 규칙을 알아가는 재미와 그 규칙을 깨뜨리고 새롭게 창조하는 재미를 동시에 선사한다. 『생각의 탄생』에서 루트번스타인 부부는 놀이를 '도구 자체인 동시에 도구의 도구'라고 소개한다. 그러니까 지금까지 소개했던 생각도구들을 놀이를 즐기는 마음으로 가지고 놀아야 한다는 것이다. 놀이의 중요성을 이야기한 사람은 이밖에도 많다. 2008년 노벨경제학상 수상자인 폴 크루그먼은 98년의 아시아 금융위기와 10년 뒤 리먼브라더스의 파산과 함께 닥쳐온 세계적 불황을 다룬 『불황의 경제학』에서 다음과 같이 말하고 있다.

"새롭고 생소한 현상을 파악하기 위해서는 아이디어들을 갖고 놀 준비가 돼 있어야 한다. 내가 '갖고 논다'는 표현을 쓴 것에는 나름의 이유가 있다. 경제학이든 다른 분야에서든 '별난 기질'이 없는 엄숙한 사람이 신선한 통찰력을 발휘하는 경우는 드물기 때문이다."

이 말은 새로운 질문에 대답하기 위해서는 새로운 도구가 아니라 상식을 뛰어넘는 별난 아이디어가 필요하다는 뜻이다. 이와 관련해서 『꿀벌과 게릴라』의 저자 게리 해멀은, 혁신이란 과학의 승리에서 오는 것이 아니라 한계를 뛰어넘는 정신의 승리에서 나온다고 말한다. 그러니까 그것은 '도구의 혁신'이 아니라, 참신한 질문을 던진 후 이미 존재하는 도구들을 이용해서 새로운 대답을 하는 '개념의 혁신'이라는 것이다. 따라서 우리가 추구해야 할 것은 '도구' 자체가 아니라 '아이디어'이며, 그것은 놀이를 즐기는 '마인드'에서부터 비롯된다. 솜씨 없는 목수가 연장 탓한다는 옛말이 하나도 틀린 게 없다. 폴 크루그먼에서부터 게리 해멀까지, 세계적인 석학들이 이렇게까지 놀라고(Play!) 권하는데 더 이상 죄책감을 가질 필요가 있을까? 자, 이제부터 우리도 별난 사람이 되어 사라진 열정을 좇는 모험을 떠나보자.

법칙 1. 착취당하지 말 것

"이집트의 피라미드를 만든 건 노예들이 아니라 자유 신분의 임금 노동자들이었다." 로이터 통신을 통해 보도된 이 같은 주장은 최근 이집트의 고고학자들이 피라미드를 만든 노동자들의 무덤 군을 발견하면서 다시 한 번 힘을 얻게 되었다. 공사 중에 죽은 노동자들의 무덤을 왕의 무덤 옆에 쓸 수 있었다면 이들은 결코 노예 신분일 리 없다는 것이 이 주장의 요체이다. 우리가 진실이라고 생각했던 기존의 상식을 뒤엎는 이 놀라운 발굴은 1990년, 기자 지구를 지나던 말이 무덤에 사용된 벽돌에 우연히 걸려 넘어지면서부터 시작되었다고 한다.

　도망간 열정과 이집트의 피라미드가 무슨 상관이 있을까? '열정의 실종'은 개인과 조직의 문제에서 비롯되는 경우가 많다. 노동력 관리를 위한 조직의 시스템 속에서 개인의 창의성과 열정은 소진되어 버리기 쉽다. 피라미드가 철저히 노예들의 노동력을 착취한 결과였다면, 과연 무려 4500년이란 세월 동안 특유의 미학적 모습으로 그 자리에 서 있을 수 있었을까? 이번 발굴을 통해 건설 노동자들에게 매일 소 21마리와 양 23마리가 지급되었고, 피라미드 옆에 무덤을 쓸 수 있는 특혜 또한 주어졌음이 밝혀졌다. 이것은 내세를 믿었던 이집트인들에게 또 다른 동기부여가 되었으리라 추측된다. 충분한 동기부여와 적절한 보상. 이것은 기원전 2500년부터 노동자들의 열정이 적극적으로 관리되어 왔음을 뜻한다.

　피라미드의 건축이 노예들의 잔혹한 노동에 의해서가 아니라 자발적이고 자유로운 임금 노동자들의 참여로 만들어진 것이 사실이라면, 여기서 우리는 조직과 개인 간의 균형의 문제에 대한 실마리를 발견할 수 있을지 모른다. 피라미드를 노예들이 만들지 않았다는 주장에서 우리는 왜 이토록 위안을 받는 걸까? 이것은 진위의 문제라기보다는 당위의 문제이며, 본질적으로 마인드의 문제이다. 우리를 감동시키는 아름다운 작품이, 혹은 책이 착취의 결과라면 우리는 그 작품을 과연 기쁜 마음으로 감상할 수 있겠는가? 착취는 조직 안에서 열정과 창의성을 몰아낸다. 결국, 열정을 잃지 않기 위해서는 우선 착취당하지 말아야 한다. 노예 되기를 거부하고 탈출해야 한다. 이것은 현실의 조건과 무관한 마인드의 문제이다. 스스로 자기 일의 주인이 되겠다는 마인드가 가장 중요한 것이다. 주인의 자리에 있어도 노예의 근성을 갖고 있다면 그는 열정 없는 기계에 불과하다.

앞서, 편집은 혼자 놀기가 아니라 함께 놀기라고 했다. 함께 놀기 위해서는 친구가 되어야 하고 친구 사이에는 위계가 없어야 한다. 그런데 조직에서 경영의 효율을 위해 필수 불가결하게 선택하는 위계 체계는 상대적으로 착취에 취약한 시스템이다. 조직 내부에 감시 시스템이 작동한다 하더라도 계량화할 수 없는 열정이나 감정의 착취까지 막을 수는 없다. 여기서 마인드 설계의 첫 번째 법칙을 반복하겠다. "절대 착취당하지 말 것." 그것이 열정을 잃지 않기 위한 최소한의 조건이다. 마찬가지로 당신 또한 다른 누군가의 열정을 착취해서는 안 된다. 위계 체계에 의한 조직의 관리가 이처럼 개인의 열정을 지원하기 힘들다면, 그렇다면 도대체 '열정의 관리'는 어떻게 해야 하는 것일까?

법칙 2. 자신이 만든 창조물에 집착하지 말 것

오리 브라프먼과 로드 백스트롬의 『불가사리와 거미』는 책임자가 없으면, 즉 위계 체계가 없으면 어떤 일이 일어나는가에 관한 책이다. 이 책은 거미의 머리와 같은 지휘기관이 있는 위계 조직을 '거미 조직'으로, 중앙이 없는 분권화 조직을 '불가사리 조직'으로 부른다. 이 책은 거미 조직이 갖는 'CEO' 대신에 불가사리 조직이 갖는 '촉매자'라는 매력적인 인물을 제시한다. 촉매(Catalyst)는 어떤 화학반응을 일으킬 뿐 그 반응 속에 융합되지 않는 원소 또는 화합물을 가리킨다. 가령, 질소와 수소를 용기에 넣고 이튿날 확인해 보면 아무 일도 일어나지 않지만, 여기에 평범한 철을 더하면 암모니아를 얻게 된다. 그런데 여기서 중요한 점은 암모니아 속에는 철이 없다는 것이다. 이 철처럼 촉매자는 분권화 조직을 처음 만들어 놓고 뒤로 물러나는 사람을 말한다. 이 촉매자의 모습에서 우리는 편집자가 열정을 다루는 이상적인 모습을 발견할 수 있다. 요컨대 촉매자로서의 편집자는 작가와 독자 사이에서 화학반응을 일으키는 역할을 통해서 즐거움을 얻는다. 그렇지만 그 화학반응을 통해 얻어진 책에서 편집자는 자신의 흔적을 감춘 채 철저히 책의 그림자 뒤로 숨는다. 촉매자는 보스보다는 동료에 가깝고, 지휘하고 통제하기보다는 신뢰를 얻는다. 지시하기보다는 격려하는 사람이고, 무대에서 주목받는 사람이기보다는 무대 뒤에서 활동하는 연출가나 프로듀서와 같다. 이런 기질은 '조직 관리'의 시각에서 보면 때때로 비조직적이며 개인적으로 보일 수 있다. 하지만 '열정 관리'의 차원에서 본다면 촉매자야말로 진정한 열정의 수호자이다.

『불가사리와 거미』는 인터넷의 발달이 가져온 분권화로 오늘날 게임의 규칙이 달라졌음을 지적하며, "질서와 엄격한 체계를 세운다면 획일화는 이루겠지만 창조성을 억누르게 될 것이므로, 창조성이 가치를 발휘하는 곳에서는 반드시 무질서를 받아들이는 법을 익혀야 한다"고 말한다. 혼란스럽게 보이지만 유연한 불가사리 조직에 그 해답이 있다는 것이다. 이쯤해서 편집자를 위한 마인드 설계의 두 번째 법칙을 말해야겠다. "자신이 만든 창조물에 집착하지 말 것." 촉매자가 자신의 성과에 집착하고 너무 오래 머물면 마인드는 점점 권위적이 되어가고 불가사리 조직은 중앙집권화되어 거미 조직으로 변해 간다. 그리고 그만큼 열정은 흩어져 간다. 명심하라. 촉매자는 흔적을 남기지 않는다. 매 작품마다 초심으로 돌아가 스스로 밑바닥까지 내려가라.

법칙 3. 불가능을 꿈꾸고 새로운 질문을 던질 것

버튼을 잃어버린 남자는 결국 주위에 아무도 남아있지 않다는 것을 깨달았다. 마침내 그는 혼자 놀기를 그만두고 모든 것을 손에서 놓아 버렸다. 그런데 그렇게 한 명의 편집 기술자가 작동을 멈춘 순간(Stop), 기적적으로 한 명의 몽상가가 깨어났다(Play). 그리고 그 몽상가가 새로운 대안들을 꿈꾸기 시작하면서 남자에게서 사라졌던 버튼이 다시 돋아나기 시작했다.

게리 해멀은 『꿀벌과 게릴라』에서 기업이 미래를 창조하는 데 실패하는 이유는 미래를 예측하지 못하기 때문이 아니라 상상하지 못하기 때문이라고 말했다. 이처럼 혁명의 시대에 개인의 가치는 혁신적 대안을 상상해 내는 데 있다. 우리는 기획이 미래를 '보는' 행위에서 시작한다는 것을 살펴보았다. 게리 해멀에 따르면 혁신은 새로운 관점에서 '다르게 보는' 눈으로부터 시작된다. 그런데 그것만으로는 충분치 않다. 기회를 보았다고 해서 누구나 잡을 수 있는 것은 아니기 때문이다. 그것을 '느껴야' 잡을 수 있다. 이와 관련해서 마쓰시타 전기의 창업자 마쓰시타 고노스케 또한, "인간을 배워라. 인간의 감정을 느끼는 법을 알아야 현실을 안다"고 말한다. 느끼기 위해서는 경험해야 한다. 즉, 함께 어울려 놀아야 한다. 혁신적 대안은 그 놀이 가운데서 탄생한다.

게리 해멀은 전게서에서 친절하게도 익숙한 것들로부터 벗어나고자 하는 편집자들을 위한 놀이의 팁을 제공하고 있다. 첫째, 새로움의 중독자가 되라는 것이다. 새로운 것들은 구체적으로 불연속성의 변곡점, 낮게 평가된 추세, 큰 이야기, 불변하는 욕구를 표현하는 새로운 도구 등이다(우리의 일곱 번째 생각도구 '트렌드'를 떠올려 보자). 이런 새로움들을 통해 지속적으로 자신을 놀라게 하는 게 중요하다. 둘째는 이단자가 되라는 것이다. 지배적인 정신모델에 도전하지 않고서는 비즈니스 모델을 새롭게 설계하는 것이 현실적으로 불가능하다는 것이다. 따라서 끊임없이 '왜'라고 질문해야 한다. 세상이 정해준 답을 위해 노력하지 말고 세상을 향해 새로운 질문을 던져야 한다. 이 새로운 질문이야말로 혁신의 핵심이다. 이로써 우리는 마인드 설계의 세 번째 법칙을 만나게 되었다. "불가능을 꿈꾸고 새로운 질문을 던질 것."

초고를 마치고 후배에게 이 원고를 보여 줬더니 이런 피드백이 왔다. "놀기 위해서 이렇게 많은 규칙을 알아야 한다면 그냥 난 하던 일이나 할래." 맞는 말이다. 노는 것은 강제나 규칙으로부터 자유로워지는 데서 시작된다. 그러니 지금까지의 모든 불가능과, 금지와, '~을 해야 한다'를 잊고, 지금 당장 놀러 나가자!

2. 마스터 : 혁신의 장인

뭔가 창의적인 것을 만들어 내는 작업실에는 공통점이 있다. 창작자의 보물, 바로 '도구상자'가 있다는 것이다. 예를 들어, 세계적인 디자인 컨설팅그룹 IDEO의 사무실 한켠에는 '테크 박스(Tech Box)'라는 이름의 상자가 있다. 이 상자 속에는 아이디어를 자극할 온갖 도구들이 다섯 개의 서랍 가득 들어 있다고 한다. 세계적인 베스트셀러 작가 스티븐 킹 또한 『유혹하는 글쓰기』에서 소설 창작에 사용하는 자신만의 연장통을 소개했다. 이 연장통의 은유는 창작을 예술적인 영감과 신이 내린 재능의 산물로 보려는 전통적인 관점에서 우리를 자유롭게 해준다. 도구상자의 도구를 배우고 사용함으로써, 창작은 교육할 수 있고, 통제 가능한 것으로 바뀐다. 통제 가능한 기술 테크네(Techne), 이 지점에서 예술은 산업과 만나게 된다.

　예술과 기술을 종합하려는 이런 시도가 집중적으로 실험된 공간이 바로 독일 바이마르 공화국의 '바우하우스 조형학교'였다. 바우하우스에서는 전통 교육에서의 '선생'이나 '학생'이 없었으며, 중세 길드의 예를 따라 '마스터(Master, 名人)'와 '직인(Journeyman, 職人)' 그리고 '도제(Apprentice, 徒弟)'의 형식을 두었다. 이를 통해 학교가 현실 노동세계의 일부분임을 표명했던 것이다. 이곳에서 미술공예가들은 자신의 기술을 건축 프로젝트와 결합시키는 훈련을 받았다. 중세에 바우휘텐(Bauhütten)은 석공(石工)과 건축업자와 장식가들의 길드였다. 바우하우스에서도 건축을 중심으로 토목, 금속, 벽화, 도자기, 직물, 인쇄 등의 다양한 디자인 분야가 통합되었고, 이것은 오늘날 현대 조형예술에 지대한 영향을 끼쳤다.[⑯] 바우하우스 이야기를 장황하게 늘어놓은 것은 우리의 마지막 생각도구가 바로 '마스터(Master)'이기 때문이다.

마스터는 자신의 분야에서 일가를 이룬 대가(大家)이자 스승을 말한다. 바우하우스의 도제들은 지방 길드가 시행하는 첫 시험을 통과한 경우에 직인이 되었다. 직인이 된 후에야 최종단계인 마스터 시험을 준비할 수 있었다. 그러니까 마스터는 기나긴 교육 과정을 마치고 비로소 자신만의 길을 걸을 수 있는 자격을 말한다. 길이 끝나는 종착점이 아니라 길이 열리는 시작점이며, 그저 단순한 '숙련의 달인'이 아니라 새로운 길을 내는 '혁신(Innovation)의 장인'을 가리킨다. 그런데 대부분의 사람들은 힘든 도제 기간을 거쳐 마스터가 되는 순간, 조로(早老)하고 만다. 마스터를 출발점이 아니라 도착점이라고 생각하기 때문이다. 오늘날 편집자에게 요구되는 자질이 기능의 숙련에서 오는 게 아니라, 끊임없는 혁신의 능력에서 오는 것임을 생각한다면, '혁신의 장인'으로서의 마스터를 마음속에 새겨둘 필요가 있다. 마지막 생각도구를 들고 이제부터 이 장인의 작업실로 들어가 보자.

장인의 작업실

알랭 드 보통의 『일의 기쁨과 슬픔』에 따르면, 아리스토텔레스는 '경제적 요구는 사람을 노예나 동물과 같은 수준에 놓는 것'이라고 말했다고 한다. 즉, 철학이나 예술 같은 고도의 즐거움은 일에서 해방된 사람만이 누릴 수 있는 것으로 보았던 것이다. 이처럼 밥벌이와 삶의 만족은 양립할 수 없다는 아리스토텔레스의 태도는 그 후 2천 년이나 지속되었고, '여가=만족'의 공식이 뒤집히고 '일=만족'이라는 공식이 등장한 것은 18세기 부르주아 사상가들에 의해서라고 한다. 이렇게 일에서 행복을 발견할 수 있다는 부르주아적 자신감이 널리 퍼지면서 현대사회에서 '일자리'는 사회에서 의미 있는 존재가 되기 위해 반드시 통과해야 하는 관문이 되었다. 일이 이렇게 되고 보니 일자리를 둘러싼 경쟁은 더욱 치열해지고 일은 행복의 전제조건이 되었다. 그런데 사회생활의 경험이 조금이라도 있는 사람이라면 일자리란 바로 '공간'의 점유 문제라는 것을 알 수 있다. 직업인의 출발은 자신의 일터(자신의 책상, 작업대, 매장, 논마지기, 사무실 등)를 갖는 데서부터 시작된다. 사무실 출입문 옆의 조그만 책상에서 시작한 수습사원은 창가 옆의 더 넓고 조용한 자리를 위해, 운이 좋으면 자신의 사무실 한 칸을 가질 수도 있다는 희망으로 평생을 동료들과 경쟁하며 일한다. 정말로 공간에는 힘이 있다. 공간을 권력이 작동하는 방식대로 배치하면 조직은 정말 그대로 움직이게 된다. 사람은 자신이 앉는 자리에 따라 조직의 규율을 내면화한다. 그렇다면 장인의 작업실은 어떠할까? 마스터—직인—도제에 이르는 위계에 따라 철저하게 수직 구조로 배치되어 있을까? 우리가 살펴볼 혁신의 장인들은 그와는 정반대의 작업실을 갖고 있었다. 먼저 세계 최고의 이노베이션 조직 IDEO의 작업실로 가보자.

톰 켈리의 『유쾌한 이노베이션』에서 묘사된 IDEO의 모습은 대학 캠퍼스의 축소판과 같다. 이곳에서는 사무실 공간이 직원의 신분을 상징한다는 개념은 통하지 않는다. 톰 켈리는 사무실 공간은 조직에 대한 일종의 보디랭귀지라고 말한다. 종업원들의 창의성에 의존하는 회사가 수직 구조의 경직된 공간 배치를 하고 있다면, 그 사무실은 종업원, 고객, 방문자에게 위험한 신호를 보내고 있다는 것이다. 공간을 지나치게 계급화하는 기업 규칙은 이노베이션 조직을 위태롭게 만든다는 것이 이 혁신의 대가가 전하는 충고이다. IDEO의 샌프란시스코 사무실의 경우, 해가 가장 잘 드는 최고의 전망은 중역의 차지가 아니라 공동의 목적으로만 이용된다. 이른바 '전망대'라 불리는 이 공간은 회의와 점심식사, 휴식을 위한 용도로 전 직원에게 개방되어 있다. 팔로알토의 사무실 벽에는 열정적인 팀이 자신들을 표현하기 위한 아이콘으로 구해온 비행기의 날개가 붙어 있다. 또 서두에 소개했던 '테크 박스'는 사무실 기둥 한 쪽에 놓여 있어, 브레인스토밍을 하는 누구라도 끌어다가 이용할 수 있게 되어 있다. IDEO에서는 중역이라고 해서 더 넓고 좋은 공간을 사용하지 않으며, 각자의 공간은 자신의 개성대로 꾸밀 수 있다. 이것이 오늘날 세계 최고 혁신공방(革新工房)의 작업실 풍경이다.

공간의 힘

공간의 힘에 대해 조금 더 이야기해 보자. 이번에는 조금 다른 성격의 공간으로 가볼까 한다. 고미숙의 『아무도 기획하지 않은 자유』에는 연구공간 〈수유＋너머〉가 탄생하고 성장해온 역사가 소개되어 있다. 저자는 30대 후반의 박사 실업자가 보증금 2천만 원에 월세 40만 원짜리 사무실을 가지면서부터 생기는 경이로운 변화를 유쾌하게 기록해 나간다. 수유리에 공부방을 차리면서 고학력 실업자는 프리랜서로 탈바꿈하게 되고, 그의 표현에 따르자면 '공간-기계(Machine)'가 외부와 접속하면서 전혀 예측하지 못했던 새로운 관계들이 구성되기 시작한다. 이때부터 연구실은 지식인 코뮌으로 성장을 거듭해 간다. 배움과 일상이 뒤섞인 이 독특한 연구공간은 '좋은 앎과 좋은 삶을 일치시키는 생활공동체'를 지향하며 발전하고 있다. 저자에 따르면 그 과정은 '사람이 공간을 만들고 공간이 사람의 활동을 변용하는 물리적 상호작용의 연속'이었다. 이 같은 〈수유+너머〉의 모델이 중요한 것은 비록 이곳이 학자들의 공부방이지만, 혁명의 용광로라는 점에서는 그 어떤 혁신공방보다 뛰어나다는 점이다. 이곳에서는 '경계를 가로질러 넘나드는 지식의 횡단'이 자유롭게 시도되고, 외부와 끊임없이 접속하되 '때가 되면 가차 없이 내려놓고 떠나는' 노마드(Nomad)적 삶이 실천되며, 이것이 바로 '차이'를 생산해 낸다. 예를 들자면, 책상 공간 하나에서도 이들은 공간의 점유 문제를 해결하기 위해 '유목하기'를 선택한다. 누군가 특정한 자리를 선호하고 그것이 지정석이되어 버리는 순간, 공간은 사유되고 그때부터 일종의 작은 착취가일어난다는 것을 알고 있기 때문이다.

책을 통해 보여지는 고미숙 선생의 모습은 우리가 살펴본 '촉매자'의 모습과 놀랍도록 닮았다. 반복하자면, 촉매자란 화학반응을 일으키지만 그 속에 융합되지 않는, 분권화 조직을 만들어 놓고 뒤로 물러나는 사람을 말한다. 그런 모습은 저자가 자신의 저서에서 인디언 주술사 베어하트의 다음과 같은 말을 인용하고 있는 것에서도 드러난다. "우리가 무엇이 되려면 좋은 것들이 흐르게 하는 그릇이 되어야 한다. 우리는 지식을 받아서 그것이 필요한 사람에게 나눠주는 도구가 되어야 한다."⑩ 자신의 연장통 안에 자신을 이롭게 하는 도구들만이 가득하다면 그는 얼마나 슬픈 삶을 사는 사람인가? 다른 사람을 위한 도구들로 연장통을 채우는 삶, 심지어 스스로가 다른 사람을 위한 도구가 되는 삶의 아름다움에 대해서 그녀는 말하고 있는 것이다. 이처럼 편집자의 작업장과 연장통은 어떠해야 하는지에 대한 비전과 영감을 제공하고 있다는 점에서 그녀는 진정한 마스터이다.

마스터-되기

하루는 후배가 메신저로 물어왔다. "수정원고가 들어왔는데도 전혀 나아지지가 않았어. 어떻게 손을 대야 하는 거유?" 또 한번은 다른 후배가 거의 울상이 되어 이렇게 물어왔다. "표지가 만족스럽지 않은데 이거 어쩌죠? 벌써 다섯 번째 시안인데……." 돌려 말하고 있지만, 이 질문들의 핵심은 결국, "수정하면 더 나아질 가능성은 있지만, 같이 일하는 사람의 마음이 다칠 게 뻔한데 적당한 선에서 만족해야 하나?" 하고 묻고 있는 것이었다. 나 역시 표지시안만 열 번 이상을 받아본 적이 있다. 서로 지쳐갈 때쯤, 디자이너에게 미안한 마음 때문에 결국 책이 원하는 옷이 아니라는 걸 알면서도 울며 겨자 먹기로 입힐 수밖에 없었다. 당신이라면 어떻게 하겠는가? 이것은 각자가 처한 맥락에 따라 달라지는 '관계의 문제'이기 때문에 어떤 태도가 옳다고 쉽게 단정할 수 없다. 그런데 나를 포함해 대부분의 사람들은 결국 '사람이 안 다치는' 쪽으로 결정하게 마련이다. 또 지금껏 경험으로 보건데 대부분의 상황에서 그것은 옳은 결정이다. 하지만 그것이 나쁜 쪽으로 작용하면 '대충주의'의 모습으로 나타나 혁신의 장애물이 되고, 눈앞에서 큰 기회를 놓치게 만드는 경우도 있다.

바로 이럴 때, 우리의 12번째 생각도구의 힘을 빌릴 수 있다. "마스터라면 이 상황에서 어떻게 했을까?" 이렇게 생각해 보는 것만으로도 상황은 달라진다. 마스터란 만들고 싶지 않은 걸 만들지 않을 자유를 얻은 사람이다. 노동에 종사하지만 일의 노예가 아니라 주인이 된 사람을 말한다. 마스터라면 일은 도전하고 싶은 목표이자 기쁨이다. 따라서 가장 먼저 내가 어떤 상태인지부터 살펴보아야 한다. 만들고 싶지 않은 걸 억지로 만들고 있는 것은 아닌지, 또 함께 일하는 파트너 또한 그런 상태인지. (편집자가 그런 상태라면 파트너들도 감염되어 있게 마련이다.) 따라서 일의 주인인 '마스터-되기(Becoming Master)'가 먼저이고, 만약 노예 상태에 있는 파트너가 있다면, 당신은 주저할 필요 없이 다른 파트너와 접속해야 한다. 그것이 서로의 장기적인 관계를 위해서도 좋은 일이다. 주인 대 주인의 관계에서야 참다운 혁신이 일어나기 때문이다. 그러니 모든 도구들을 들고 나가다가 깜박 잊고 마스터를 두고 나왔다면 아무리 멀리 나섰다 하더라도 서둘러 돌아가서 '마스터 마인드'부터 챙겨 나오자. 이것이 이 중요한 도구를 제일 마지막에 소개하는 이유이다.

이제 우리의 도구상자를 닫을 때가 왔다. 만약 여기까지 다 읽었다면, 지금까지 소개했던 열두 가지 도구들은 모두 쏟아버려도 좋다. 이제 당신에게 필요한 것은 텅 빈 상자이다. 이제부터는 오직 영혼의 길을 따라, 당신만의 도구들로 상자를 채워가며 홀로 걸어야 한다. 그러나 당신의 상자 속을 절대 가득 채우지는 말았으면 한다. '공간의 힘'을 믿기 바란다. 당신 안의 빈 공간은 당신에게 언제나 세상과 접속하여 새로움에 눈 뜨고 받아들일 수 있는 여유를 줄 것이다.

마 치 며

연재를 마치고 나서 나는 직장에 사표를 내고 약 5개월 간 세계일 주 여행을 했다. 격주마다 힘들게 연재를 이어가는 동안, 온갖 잡 동사니들로 가득한 내 도구상자야말로 진정 비워야 할 대상이라는 걸 깨달았기 때문이다. 편집자로 경력을 쌓아가는 내내 아무것도 버리지 못하고 그저 두 손 가득 온갖 도구들을 움켜쥔 채 욕심의 탑을 쌓아왔던 나를 본 것이다. 시대가 변하고 생각 또한 변해가고 있다. 과연 나는 세상과 진솔하게 만나고 있는가? 이 현기증 나는 속도 속에서 변하는 것은 무엇이고 변하지 않는 본질은 무엇인가? 나에게 과연 편집이라는 업은 어떤 의미인가? 멍청히 서 있는 내 머릿속에서 이런 질문들이 쉴새없이 쏟아져 나왔던 것이다.

편집을 단순히 기술(Skill)로 대하면 그 세월의 인은 손에 달라붙 는다. 손등에 빨간 펜 자국을 묻힌 채 해맑게 웃고 있는 김 대리를 보면 알 수 있다. "보도자료 찍을 거 없어요? 단순노동이 최고죠." 신간을 찍고 보도자료를 돌리고 하나마나한 마케팅을 하고는, 뒤 도 돌아보지 않고 다시 새로운 원고에 뛰어드는 일상이 자동기계 처럼 반복된다. 누군가 미친놈의 정의를, '똑같은 일을 반복하고 도 다른 결과를 기대하는 사람'이라고 했던가?

편집을 생각의 도구(Tool)로 파악하면 그 세월의 인은 머리에 박 여 노하우가 된다. 기획팀 정 과장을 보자. 기획안의 첫 페이지만 보고도 어떻게 만들어서 누구에게 팔 건지 견적이 나오고, 머리 한 구석에선 이미 손익계산서가 출력된다. "이게 시장성이 있겠어 요?" "BEP가 얼마죠?" 그가 입에 달고 사는 말이다. 말로는 이미

재판을 찍고 베스트셀러 전략을 짜고 있지만, 말에는 잉크가 묻지 않는다. 말을 글로 옮겨 종이에 찍는 동안 생각의 잉크는 날아가 버리고 아무 것도 담겨 있지 않은 빈 공책을 만들어 내기 일쑤다.

편집을 숭고한 업(Profession)으로 대하면 그 세월의 인은 가슴에 박인다. 가슴에 머무는 것이야말로 진정한 열정을 불러일으킨다. 열정은 사람의 마음과 세상을 움직이는 힘이다. 가슴 속에 자신의 업에 대해 어떤 정의를 품고 사느냐에 따라 사람들은 10년 후 전혀 다른 결과를 맞이하게 될 것이다. 굳이 세계여행까지는 아니더라도 누구나 자신이 대체 무슨 일을 하며 먹고 사는지, 자신의 밥벌이에 대해 한번쯤 진지하게 고민해 볼 필요가 있을 것 같다.

내가 생각하기에 지식 편집을 업으로 삼을 수 있으려면 꾸준한 노력이 전제되었을 때, 그 일로 일가(一家)를 이룰 수 있어야 한다. 독자도, 작가도 중요하지만 결국은 자기 안에서 굳은 등뼈가 자라나 스스로 설 수 있어야 한다. 그래야 다른 어느 것에도 휘둘리지 않는 자기만의 중심을 가질 수 있다.

하지만 편집자로서 경력을 쌓아가다 보면 얼마 지나지 않아서 다른 무언가가 되라는, 주위의 보이지 않는 압력을 견뎌내야 하는 것이 우리의 현실이다. 사실, 편집자의 시각만을 고집한다면 세상을 보는 눈은 자연히 협소해질 수밖에 없다. 따라서 편집자는 자신을 둘러싸고 규정하려는 껍질을 깨뜨리며 끊임없이 스스로의 영역을 확장해 나아가야 한다. 바로 편집자의 '창조자(Creator)'로서의 역할을 인식하는 순간, 비로소 새로운 발명이 가능해진다.

이제 편집자도 예술가(家)들처럼 자기만의 분야에서 일가를 이루어낼 수 있어야 한다. 그래서 '편집가(家)'가 되는 일은 어쩌면 맞춤법 자동검사기가 틀렸으니까 어서 '편집자(者)'로 고치라고 그어놓은 빨간 줄을 견뎌내는 일과 다름없을지 모른다. 그러기 위해서는 편집자 스스로가 충분히 즐거워야 한다. 대박이라는 기차의 꽁무니를 좇아 허겁지겁 뛰지 말며, 시장과 독자를 피해 외곬으로 고립되지도 말아야 한다. 경쟁의 질서 바깥이 아니라 그 위에 서야 한다. 자신의 일을 즐기면서 대체 불가능한 창조적 가치를 만들어낼 수 있어야 한다. 그때 비로소 편집으로 세상을 편집하기가 가능해지고, 새로움을 시도하는 편집자의 창작 의욕을 꺾는 수많은 편견과 오해를 이겨내고 편집을 예술의 경지로까지 끌어올리기가 가능해진다.

나는 아직 그런 경지를 알지 못하지만 지금도 전인미답의 길을 걸으며 새로운 길을 만들어 가고 계신 수많은 선후배님들께 희망을 걸어 본다. 편집이건 다른 무슨 일이건 흙바닥을 구르면서 자신의 길을 꾸준히 걷다 보면 결국 하나의 정상에서 만나게 될 테니까. 그때쯤이면 각자 자신의 발에 묻은 흙을 자랑삼아 들어 보일 수 있지 않을까?

아직 오지 않은 '인간'을 기다렸던 어떤 작가를 알고 있다. 아직 쓰이지 않은 '책'을 기다리는 어떤 독자도 알고 있다. 그리고 아직 만들어지지 않은 '책'을 기다리는 어떤 편집자 또한 알고 있다. 이들이 읽지도 않은 책에 대해 이러쿵저러쿵 떠드는 것을 오래도록 지켜본다. "그래서 도대체 어떤 책을 보고 싶다는 거야?" 투정하면서도 어느새 입가에는 미소가 지어진다. 누군가의 말처럼 최고의 책은 아직 오지 않았다. 그러니 편집의 발명가여, 붓다가 탁발을 떠나는 제자들에게 말씀하셨듯이, "오직 날개의 무게로만 가는 새처럼 가라!"⑱

책을 둘러싼 모험

이 글은 책을 '둘러싸고 있는' 어떤 것들에 대한 이야기이다. 바로 '표지'와 '띠지'에 대한 이야기인데, 굳이 장르를 따지자면 모험담이라고 할 수 있겠다. 왜냐하면 수많은 가능성 속에서 단 하나의 표지를 향해 가는 작업은 매번 그 자체로 하나의 모험이기 때문이다. 누군가 칠흑 같은 어둠 속에서 희미하게 보이는 한 줄기 빛을 따라 더듬거리며 나아가는 행위라고 묘사했던 그 길, 지금부터 책을 둘러싼 어떤 모험의 길을 함께 따라가 보자.

※ 사실, '띠지 카피 잘 쓰는 법'이라는 주제의 글을 의뢰받았을 때, 그런 게 있다면 제발 좀 가르쳐 달라고 말하고 싶었다. (그런 걸 알 리가 없잖아!) 개인적인 실패담이나 늘어놓으며 귀한 지면을 낭비할 수도 없었고, 공부하는 셈치고 본격적으로 달려들기에는 데이터를 확보하고 분석할 만한 시간적 여유가 없었다. 그렇게 고사했던 청탁이 현명한 분들을 돌고돌아 다시 내게로 왔을 때, 특집을 핑계 삼아 책 광고나 해버릴까 하는 사악한 마음도 들었지만, 문득 백지 상태의 표지를 앞에 두고 모험을 떠나려 하는 어떤 편집자의 모습이 떠올랐다. 그래, 마더 테레사의 말처럼 '나는 대중을 위해서라면 행동하지 않겠지만 단 한 사람을 위해서라면 발 벗고 나설 것이다.' 그래서 주제넘게도, 주제를 유연하게 확대해서 '책의 메시지와 카피'에 관해 제멋대로 쓰겠다는 허락을 구하고서는,

또다시 경거망동하기로 작정한 것이다. 어떤 편집자, 그에게 어딘가에 똑같은 고민을 가진 사람이 있다고 말하고 싶었던 것이다.

1. 표지와 띠지 그리고 '열려라 참깨'

제목에 이끌려 여기까지 읽고 계신 분들은 심히 착잡하시겠지만 (뭐야, 책을 둘러싼 팍팍한 외부환경에 대한 이야기가 아니었어?), 편집자가 물리적으로 상대하는 책을 둘러싼 것들, 표지, 띠지는 결국 책을 넘어선 외부와의 소통에 대한 고민을 담아내므로 궁극적으로는 둘이 하나의 지점에서 만나게 될 거라고 위안 삼아 말씀드릴 수밖에 없겠다. 책을 둘러싼 외부환경이 복잡해져갈수록, 책의 내부를 장악하고 외부와의 관계에 창을 내는 표지의 중요성 또한 갈수록 커져가고 있는 것이다. 그렇다면 이제 우리가 상대해야 할 것들을 적나라하게 살펴보자.

표③	표④	등	표①	표②
	띠지(뒤)		띠지(앞)	

* 양장본의 표지와 띠지를 펼쳐놓은 것

편집자가 한 권의 책을 진행하며 마주하게 되는 백지가 여러 장 있지만 그중 가장 중요한 게 바로 이 미완의 표지이다. 기획과 동시에 마케팅이 시작되는 세상이고 원고까지 입수되면 책의 성패는 어느 정도 점쳐지지만, 때로는 이 한 장의 종이로 드라마틱한 역전이 가능하기도 하다(어쩌면 그렇게 믿고 싶은 걸지도 모르겠지만). 한 줄의 카피로 일자진을 치고서 이 세상 수많은 메시지들과 싸우는 일기당천의 모습을 상상해 보라. 이런 가슴 벅찬 상상 때문에 그 책에 맞는 단 하나의 주문을 찾겠노라, 오늘도 수많은 편집자들이 적당한 타협과 가능한 차선책들 속에서도 끝까지 자신만의 '열려라 참깨!'를 외치는지 모른다. 물론 표지 카피 한 줄 때문에 수준 미달의 책이 베스트셀러가 되지는 않지만, 독자와의 소통을 거부하는 엉성한 카피 한 줄은 좋은 책도 속절없이 반품되게 만드니, 편집자에게 이 백지를 마주한다는 것은 매번 두렵고도 가슴 두근 거리는 일이 아닐 수 없다.

그렇다면 이제 이 그림을 부위별로 하나씩 해부해 보자. 책등을 가운데 두고 마주하는 표①과 표④가 가장 중요하고 유력한 지면이다. 표②와 표③은 책을 여는 행위를 수반하기 때문에 상대적으로 부차적이다. 하지만 여기까지 끌려온 독자라면 이미 책의 메시지를 자신과 결부시킨 상태이기 때문에, 장황한 설명으로 다잡은 고기를 놓치기보다는 목차와 본문으로 자연스럽게 넘겨주는 노련함이 필요하다. 정보습득의 논리구조를 보았을 때, 독자들은 통상 '① 앞표지 > ④ 뒤표지 > ② 앞날개 > ③ 뒷날개 > 목차 > 머리말 > 본문'의 흐름으로 책에 접근하기 때문에, 표지 카피는 장황한 설명보다는 책의 핵심을 짚어 독자의 손을 잡고 본문으로 이끄는 역할에만 충실해야 한다. 즉, 표지 카피에서는 간단하고 명쾌한 하이 콘셉트(High-Concept : 영화 「스피드」의 예를 들자면 '다이하드 버스판')를 제시하고, 더 깊은 정보를 얻고자 하는 독자들에게는 목차를 통해 본문에 앵커(닻 Anchor)를 내려서 연결해 주면 된다. 이것이 책이라는 매체와 독자 사이에 약속된 기본적인 프로토콜(통신규약)이다.

이런 기본적인 틀을 숙지했다면, 표지에 어떤 주문을 사용할지는 이제 온전히 당신, '어떤 편집자'의 몫이다. 그러나 안타깝게도 우리는 한 권의 책에 단 한 번의 기회밖에 갖지 못한다. 책이 출간되고 비참한 결과가 나왔을 때는 '열려라 참깨!' 때문에 포기되었던 다른 대안들을 떠올리며 후회해도 이미 소용없는 일이다. 이런 두려움 때문에 대부분의 전략도서들이 모험을 회피하고 '행복' '성공' '해법' 따위의 만능키워드를 사용하며 그 무난함을 대규모의 매스마케팅으로 극복하려 하는 것이다. 하지만 과연 그게 언제까지나 옳은 일일까?

2. 메시지 적대적 환경 속에서의 메시지
마케팅에서는 여전히 '반복'만큼 효과적인 것이 없다. 하지만 엄청난 광고 물량을 쏟아부으며 반복 노출하면 자동적으로 밀리언셀러가 되던 황금시대(?)는 이제 끝나가고 있다. (입이 딱 벌어지는 선불금을 지불하고는 배수진을 치듯이 마케팅하던 책들의 성적을 참조할 것.) 지금은 타깃독자에게 정확히 말을 걸고 정확한 피드백을 받는, 낭비 없는 커뮤니케이션이 중요한 '롱테일 법칙'의 시대다. 시장이 이렇게 변한 데는 기본적으로 책을 둘러싼 환경이 정크 메시지가 넘쳐나는 메시지 적대적 환경이 되었기 때문이다. 오늘날, 사실상 정보의 가격은 '0'에 가까워져 프리, 즉 무료이다. 따라서 정보가 희소 자원이던 예전과 같은 방식으로 독자들에게 말을 거는 것은 시대착오적이다. 날마다 날아오는 대출 안내 메시지를 보라. 독자들의 입장에서 볼 때, 나의 메시지는 그것과 무엇이 다르겠는가? 예상외로 많은 사람들이 신간소식지를 정크메일로 분류한다고 한다. 심각하게 고민해야 할 문제이다. 그렇다면 이처럼 메시지 적대적 환경 속에서의 메시지 발신은 어떠해야 할까?

이제야말로 최초의 주제, '표지 카피 잘 쓰는 법'에 대한 이야기를 나눌 수 있는 환경이 되었다. 좋은 카피는 책에 대한 정직한 설명이며 책에 대한 니즈(Needs)를 지닌 대기독자와 책을 연결해 주는 기본적인 끈이다. 따라서 책을 정확히 반영하기 위해 애쓰는 것은 무해하지만 무익한 노력이 되기 쉽다. 사실(Fact)을 왜곡하지 않는 정직함이 전제된다면, 독자와의 접촉면에서는 내부를 반영하는 정확함보다는 외부와 소통하려는 유연함이 더욱 중요하기 때문이다. 우리가 금과옥조로 삼았던 정확함이 더 이상 답이 될 수 없다면 표지 카피는 어디서부터 어떻게 접근해야 하는가? 무익한 정확함, 과대포장, 사실 왜곡의 유혹, 구태의연한 답습, 깊이의 부재……, 우리 앞에 놓인 함정들을 피해 독자에게 향하는 길을 열어줄 단 하나의 주문은 어떻게 찾을 수 있을까? 이 주제를 다루는 대부분의 책들은 이 문제에 대해 공통적인 해법을 제시한다. 바로 '철저히 고객 지향적이 되라'는 것이다.

3. '독자 지향적 메시지'는 어떻게 만들어지는가?

메시지를 독자 지향적이 되게 하기 위해서는 먼저, 누구에게 말을 걸 것인지를 결정해야 한다. 백지 상태의 표지를 앞에 두고, 테이블 맞은편에 누구를 앉히느냐에 따라 책의 마켓 포지셔닝과 그에 따른 성패가 결정된다. 시장이 크다는 이유만으로 혹은 많이 팔려는 욕심만으로 막연한 대중을 호명한다면 독자들에게 '방관자 효과'만을 불러올 뿐이다. 개인적인 이익이나 책임과 결부되었을 때만 독자들은 메시지에 반응한다. 따라서 카피는 단 한 사람을 상대로 써야 한다. 하지만 대부분의 편집자들은 표①, ②, ③, ④에서 제각기 다른 독자를 호출해서 말을 걸곤 한다. 편집자들은 같은 대상이라도 다르게 표현하는 것을 좋은 글의 미덕으로 배워왔기 때문에, 자신도 모르게 동어반복을 피하려는 본능이 발동하면서 타깃이 될 만하다고 생각하는 사람들을 향해 여기저기 낚싯대를 드리우는 것이다. 이렇게 메시지를 이리저리 비틀어대는 과정에서 앞에 앉혀둔 상대는 까맣게 잊고서는 다른 사람을 향해 이야기하는 치명적인 실수를 태연히 저지르는 것이다. 그 사이 독자들은 '내가 읽을 책이 아니로구나' 생각하고 슬며시 자리를 뜨고 만다.

자, 이제 앞에 앉은 단 한 사람의 독자에게만 집중해서 지금 만들고 있는 책의 핵심 메시지를 들려주기로 하자. 이 사람은 시간이 가장 비싼 재화라는 것을 알기 때문에 논점과 관련 없는 주변 설명 듣기를 끔찍이 싫어한다. 아직 이야기는 꺼내지도 않았는데 여러 번 시계를 들여다보며 벌써 엉덩이가 들썩거리기 시작했다. 독자 지향적이 된다는 것은 독자의 시간을 소중히 아끼는 것으로부터 시작된다. 결국 편집자는 이제부터 커뮤니케이터로서 메시지를 효율적으로 디자인하는 역할을 수행해야 한다.

여기서 잠깐, 테이블 맞은편 독자에게 돌발퀴즈를 하나 내보기로 하자. 당신은 누구나 알고 있는 노래의 리듬에 맞춰 테이블을 두드리기로 하고 맞은편 독자는 당신이 두드리는 소리만을 듣고 그 노래를 알아맞히는 것이다. 당신은 속으로 동요 '송아지'를 부르며 테이블을 두드리기로 한다. 과연 맞은편 독자는 그 노래를 알아맞힐 수 있을까? 1990년 스탠퍼드 대학교의 엘리자베스 뉴턴의 실험에 의하면 이와 같은 상황에서 메시지를 전달할 확률은 40번의 시도 중 단 한 번에 불과했다. 그럼에도 두드리는 역을 맡은 사람들은 상대가 정답을 맞힐 확률을 50%라고 생각했다. 두드리는 사람은 일단 노래 제목을 알게 되면 더 이상 '알지 못한다'는 느낌을 이해할 수 없게 된다. 그들은 맞은편에 앉은 사람이 음악이 아닌 단순하고 단절된 타격음만을 듣게 된다는 사실을 이해하지 못하는 것이다. 이것이 바로 히스 형제가 『스틱!』에서 말하는 '지식의 저주'이다. 이 '지식의 저주'에 빠져 오늘도 나를 포함한 수많은 편집자들이 자신만의 노래를 속으로 흥얼거리며 독자들을 향해 무의미한 타격음을 날리고 있는 것이다. 툭투루 둑둑둑 툭두루 둑둑 툭툭~! 알아들었을까?

고객 지향적인 메시지 생산을 방해하는 가장 치명적인 덫이 이 '지식의 저주'인데 이것을 마케팅 전문가 조 비테일은 『꽂히는 글쓰기』에서 '내 자아로부터 벗어나 독자의 자아로 들어가라'는 말로 달리 표현한다. 사람들이 단체사진에서 가장 먼저 보는 것은 바로 자기 자신이다. 사람들은 자신을 확인하고 나서야 비로소 다른 사람을 확인한다. 이처럼 독자가 정보를 받아들이는 패턴을 정확하게 이해해서 그 역으로 메시지를 구축하는 노력이 필요하다. 메시지를 대하는 독자의 패턴이 호기심을 가지고 질문에 대답해 나가는 지적 모험이라면, 우리가 만들어야 할 메시지는 정반대로 질문을 제기하고 독자들이 대답할 수 있는 상황을 던져 주어야 한다. 그러니까 당신의 카피는 고객들이 스스로 답을 찾아가도록 유도하는 일종의 '질문'이 되어야 한다. 반드시 의문형이 되어야 한다는 말이 아님을 아실 것이다. 요컨대 그것은 독자들의 '지식의 공백'을 자극하는 것, 도식을 파괴하는 놀라움, 미스터리적 구조를 통해서도 달성될 수 있다. 그러니까 당신의 메시지는 둔탁한 타격음이 아니라 부드러운 허밍이나 따라 부르고 싶게 만드는 짧은 휘파람 한 소절이면 충분하다.

4. 독자의 심리 속에서 일어나는 전쟁

오늘날의 마케팅은 소비자의 심리 속에서 일어나는 전쟁이라고 한다. 다시 『스틱!』을 인용하자면, 히스 형제는 '당신에게 좋은 것'이야말로 모든 이야기의 중심이 되어야 한다고 말한다. 즉, 광고는 다른 무엇보다도 개인의 이익과 연관되어야 한다는 것이다. 하지만 독자들이 노골적으로 자신의 이익만 추구하는 것은 아니다. 독자들은 때때로 '자신의 정체성'에 기초하여 결정을 내리기도 한다. 즉, '나 같은 사람은 이 상황에서 어떻게 할까?'라는 장치가 사람들 마음속에 있다는 것이다. 독자의 니즈나 욕구만을 쫓다보면 시장에서는 재미있는 소설, 재테크나 실용서만이 살아남을 것 같지만, 의외로 묵직한 교양서적들이 대기독자의 수를 훌쩍 뛰어넘어 베스트셀러가 되기도 한다. '교양 있는 지식인'이라는 정체성을 갖고 있는 사람들에게 제대로 어필한 것이다.

『괴짜심리학』의 저자 리처드 와이즈먼은 자신의 다른 책 『왜 나는 눈앞의 고릴라를 못 보았을까?』에서 사람들은 보고 싶은 것만

보려 하기 때문에 눈앞에 지나가는 고릴라를 보고도 눈뜬장님이 된다는 유명한 '고릴라 실험'을 소개했다. 매일매일 쏟아지는 수많은 책들을 두고 독자들의 심리 속에서 일어나는 일이 바로 그러하지 않을까? 결국 사람들은 자기가 보고 싶은 것만을 본다. 따라서 우리는 책이 지닌 가치 이상의 것을 욕심내지 않고, 독자 지향적 시각에서 책을 다시 정의하는 작업, 매번 새로운, 길 없는 길을 떠나는 수밖에 없다.[19]

* * *

이야기를 하는 동안 앞에 앉아 있던 독자는 어느새 도망가 버렸고, 이제 우리 앞에는 다시 하얀 백지만이 남아 있다. 그러나 어떤 편집자여, 모험을 두려워 말라! 당신의 도전은 한 줄의 카피로 기억될 것이다.

(『기획회의』 234호)

띠지 수집가 J씨

사실 난 띠지에 대해 나름대로 할 말이 많은 사람이다. 실제로 띠지를 딱지 모으듯 수백 장 모아 봤다. 한심하다고 욕해도 할 수 없다. 매번 띠지 문안 때문에 쩔쩔매던 터라 참고도서를 구입할 때마다 띠지를 벗겨서 서랍 한구석에 모아 두었던 것이다. 처음에는 별생각 없이, 막힐 때 참고도 하고 괜찮은 조어법이 있으면 베껴볼 요량으로 모았던 건데, 어느 날 문득 이걸 파일로 만들어야겠다는 생각이 들었다. 베스트셀러를 싸고 있던 포장이니까 모아 놓으면 어떤 규칙 같은 게 보일지도 모른다는 알량한 생각이었다. 그런데 막상 띠지를 모아 놓고 보니 도대체 어느 게 어느 책의 띠지인지 어지러운 가운데, 맥락 밖으로 떨어져 나온 주인 잃은 말들이 아우성을 치기 시작했다. 어떤 띠지는 전혀 엉뚱한 책에다 싸도 또 그대로 그럴싸한 조합이 되었다. 정말 말도 안 되는 일이었다.

그렇게 파일명 '띠지모음.hwp'을 만들어 두고는 까맣게 잊고 있었는데, 『기획회의』의 전화를 받고 하드디스크 한구석에서 찾아내서 한참을 들여다보고 있자니, 의미를 부여할 만한 몇 개의 덩어리들이 겨우 눈에 들어오기 시작했다.

띠지 문안의 9가지 유형

앞서 확인했듯이 띠지는 자립단위가 아니라서, 항상 '책과 함께'라는 맥락 안에서만 존재가치를 얻는다. 그 맥락이라는 것은 두 가지인데, 하나는 자기 책과의 관계이고 다른 하나는 다른 책과의 관계이다. 그런데 독자들의 구매 시점을 상상해 보면, 결국 중요한 건 후자라는 게 자명해진다. 수많은 책들과의 경쟁에서 자기 책이 선택되도록 만드는 게 띠지의 존재이유이다. 따라서 출간 시점에 자기 책이 놓일 카테고리의 경쟁서들이 어떤 제목과 띠지를 두를 지를 예측하는 것이 중요하다. 띠지가 책에 대한 쉬운 설명이라고 할 때, 설명의 방식에는 수십, 수백 가지가 있기 때문이다. 시장 상황에 따른 전략적인 대응이 필요하다. 여기서 맥락은 더 넓게 확장된다. 바로 책을 넘어선 시장 전체와의 관계에서 그 책을 다시 정의할 필요가 생긴다. 책을 원작으로 한 영화가 뒤늦게 개봉된다? 창고에서 잠자고 있던 책이 난데없이 TV드라마에서 중요한 소품으로 소개된다? 혹은 뜻밖에도 주제와 관련된 열풍이 분다? 이때야말로 띠지가 제대로 활약을 할 때이다. 그렇다면 이제부터 환상의 조합으로 승리하고자 하는 '책—띠지' 복식조들의 몇 가지 유형을 살펴보기로 하자.

1. 후광효과 — 흥행작가나 문학상의 권위를 내세우거나(오에 겐자부로의 94년 노벨문학상 수상작), 외서의 경우에는 검증된 판매수치를 들이밀고(아마존 베스트셀러 8주 연속 1위! 최단기간 500만 부 돌파!) 심지어 책과 별로 관련이 없어 보이는 유명인을 추천자로 내세우기도 한다(○○가 요즘 읽고 있는 책).

2. 독자 니즈를 그대로 노출 — '인간관계가 술술 풀리는 비결(끌리는 사람은 1%가 다르다)'처럼 독자의 니즈를 그대로 올려서 구매심리를 자극한다. 가장 정석적인 패턴이다. 책이 집필 단계부터 독자 니즈에 화답하도록 기획되었을 경우에 가장 큰 힘을 발휘한다.

다층적 메시지를 지닌 책의 경우 특정 메시지를 부각했을 때 자칫 타깃을 좁힐 수도 있으므로 주의해야 한다.

3. 독자 욕구를 자극— '평생의 부는 20대에 만들어진다!(대한 민국 20대, 재테크에 미쳐라)'와 같은 패턴. 당장의 필요보다도 좀 더 근본적인 욕망을 건드려서 사지 않고는 못 배기게 만든다. 이 조합은 띠지와 제목이 욕구-니즈 조합으로 이루어져서 서로 상호 작용을 하고 있다. 부자가 되고 싶어 재테크에 대해 공부할 필요가 있었던 많은 독자들이 집어 들었다.

4. 호기심을 자극— '마약 판매상은 왜 부모와 함께 사는 걸 까?(괴짜경제학)', '접착제처럼 강력한 메시지는 어떻게 만들어지 는가?(스틱!)'와 같이 질문을 던지거나, 정보 노출의 수위를 조절 함으로써 독자의 손을 잡고 자연스럽게 본문으로 입장한다.

5. 아포리즘 혹은 감성소구— '열심히 살아온 당신, 그래서 행복 한가?(골든티켓)'에서처럼 삶의 비의, 경구 같은 것들을 올려서 독 자 감성에 호소하는 것도 중요한 패턴이다. 비슷하게, '당신은 오 늘 무엇을 배웠는가?'는 다소 뜬금없지만 '인생수업'이라는 제목 과 어울려서는 훌륭한 카피가 되었다.

6. 작가의 목소리— '모든 비인간적인 것에 저항하라(오 하느 님)'에서처럼 때로는 작가의 목소리가 수백 마디의 카피보다 나을 수 있다. 작품 속 주인공의 목소리를 빌리기도 한다.

7. 시의성—책과 관련되어 시장상황이 급변했을 때 가장 손쉽 게 대응할 수 있는 방법이 바로 띠지를 새로 두르는 일이다. 한시 적으로만 유효한 정보라도 띠지라면 부담 없이 표현이 가능하다.

8. 지식의 저주—히스 형제의 『스틱!』에 나오는 핵심개념을 빌 리자면, 어떤 것에 대해 알게 된 후에는 알기 전의 상태를 도저히

짐작할 수 없다. 바로 '지식의 저주' 때문이다. 어떤 띠지는 책의 내용을 모르는(당연하다!) 독자들을 상대하고 있다는 것을 잊고 '~왜 거시기 있잖아' 하고 불쑥 말을 걸기도 한다. 이 또한 예외는 있어서 높은 진입장벽을 즐기는 마니아 집단을 타깃으로 하는 도서에는 유효한 전략일 수 있다.

9. 무규칙 이종격투기 선수—이것이야말로 띠지 수집가들의 집중적인 수집 대상. 누가 뭐라 하건 자신만의 세계를 걸어가는 4차원식 조어법이 특징이다. 그러나 그만큼 극단적이다. 천재적이거나 최악이거나…….

이상이 '띠지모음.hwp'에서 뽑아낸 단행본 띠지 문안의 몇 가지 유형들이다. 눈치채셨겠지만 여기에도 베스트셀러의 공식은 없다. 모든 건 상상력의 문제이다. 누가 더 멋지고 구체적인 상상을 하고 그걸 실천에 옮겼느냐의 싸움이다.

벗길 수 있는 것과 없는 것

좋다! 이왕 비가당자(非可當者)가 된 김에, 이제 띠지의 외형에 대해 생각해 보자. 디자인적으로는 대부분의 띠지가 책의 하단에서부터 4분의 1 정도를 차지하며 올라오는 게 보통인데, 다음과 같은 몇몇 변종들이 눈에 띈다.

1. 높이 : 책의 허리 이상 올라오는 띠지(이쯤 되면 띠지라기보다는 재킷). 독특한 높낮이 조절로 차별화를 시도하는 경우이다. 벗길 수는 있지만 그냥 두어도 좋다.

2. 방향 : 세로로 두른 띠지(디자인적인 고려로 가끔 감행되는데

유통과정에서 훼손되기 쉽다.) 책 좀 읽다보면 저절로 벗어진다.

3. 지질 : 속이 비치는 띠지(트레이싱지 계열을 써서 배경이 비쳤을 때의 어울림까지 고려한 띠지. 역시 잘 찢어져서 반품받기 쉽다.) 혹은 금속성 소재에 형압을 줘서 표현하는 경우. 역시 벗길 수는 있지만 벗기기 아깝다.

4. 페인트(Feint) : 띠지를 두른 것처럼 위장한 표지. 표지에 아예 과감하게 면 분할을 해서 마케팅에 필요한 말 다 한다. 벗길 수 없다.

나는 띠지를 사자마자 벗기는 편이어서(지금은 책갈피로 사용한다) 사실 띠지 두른 책을 별로 좋아하지 않는다. 하지만 책을 파는 사람의 입장이 되어서는 띠지를 만들지 않을 수가 없다. 구매시점 광고(POP)를 따로 준비하지 않는 이상, 책을 마케팅할 방법으로 아직까지 띠지만 한 것이 없기 때문이다. 책과 한 덩어리로 유통되면서도, 벗겨내고 나도 책의 상품성을 해치지 않는 수단. 생각해보자. 뭐가 있을까? 책보? 책갈피? 책봉투? 가격 대비 효용 면에서 띠지를 대체할 획기적인 마케팅 수단은 아직까지 없어 보인다. 그리고 뜻밖에도 환상의 복식조를 만나는 기쁨까지 생각한다면 띠지라는 게 단순히 종이 낭비만은 아닌 것이다. 벗겨지고 나면 비록 쓸모없는 종잇조각에 불과하지만, 독자의 손에 들려질 때까지 자신의 소임을 다하고 사라지는 띠지의 뒷모습은 아름답다. 누군가에게는 쓰레기지만 누군가에게는 훌륭한 컬렉션. 형식과 내용 모두에서 띠지 수집가의 눈을 빛나게 할 역발상의 띠지를 기대해 본다.

(『기획회의 205호』)

❶ 원고를 다루기 때문에 Manuscript Editor라고도 한다. 카피 에디팅 (Copy Editing)의 경우, 넓은 의미로는 출판이 가능한 상태까지 원고를 준비하는 일을 말하며, 영미권에서는 1980년대 이후로 거의 프리랜서 편집자들에 의해 아웃소싱 되고 있다. 선배가 후배에게 교정을 가르치는 일은 우리나라에서도 2000년대 이후부터는 거의 볼 수 없는 광경이 되었다.—위키피디아 〈editing〉 〈editor〉 항목 참조.

❷ 스티븐 킹, 김진준 역(2002), 『유혹하는 글쓰기』(서울 : 김영사) 이와 관련해서 스티븐 킹은 다음과 같은 조언을 들려준다. "글을 쓸 때는 문을 닫을 것, 글을 고칠 때는 문을 열어둘 것." 퇴고는 나 자신만을 위해 썼던 글을 바깥세상으로 내보내기 위해 다듬는 작업이다. 편집은 어찌 보면 이 과정의 연장이다. 이를 통해 비로소 방 안에 갇혀 있던 인간의 글은 문 밖의 수많은 신들과 만나는 것이다.

❸ 버그 리포트(Bug Report)란 원래 컴퓨터 프로그램 상에서 발견되는 오류(Bug)를 보고하는 걸 말하는데 출판계에서 일반적으로 사용하는 용어는 아니다. 출판에 갓 입문한 시기에 선배로부터 처음 들었고 이후에는 입에 붙어버려 계속해서 쓰고 있다. "필자의 의도를 해치지 않도록 교열은 최소화하고 맞춤법 수정 이외의 일체 수정사항은 버그 리포트를 작성해서 작가에게 확인받도록." 이것이 초짜 신입사원에게 준 선배의 신신당부였다. 지금도 그렇지만, 당시는 특히나 작가의 글에 손을 댄다는 것이 불경스럽고도 조심스러운 일이었다. 지금이야 기획이 앞서고 그에 맞는 작가를 섭외하는 방식이 아주 흔한 일이지만, 당시에는 '기획의 의도'가 아니라 '작가의 의도'가 최우선의 가치였다. 그런데 이제껏 완제품 '책'만 읽던 사람이 소위 '날것'이라는 작가의 초고를 받아놓고 보니, 이건 정말, 손댈 곳이 너무 많았다! 하긴 출판동네에 떠도는 괴담에 의하면, 까다롭기로 소문난 어느 유명 작가의 원고를 다루면서 오기된 외국 도시 이름을 실제 지명에 맞게 교정보았다가 회사

를 떠난 편집자도 있었다나 뭐라나. 그조차도 작가의 의도였다면 할말이. 없지만 말이다. 어쨌든 편집자가 부지런히 버그리포트를 작성하고 이에 대해 작가와 충분히 의견을 주고받는 과정에서 비로소 좋은 책이 만들어진다는 것은 불변의 진리이다.

❹ 이종오(2006), 『문체론』(파주 : 살림) , P. 11, 16, 17.

❺ 새뮤얼 프리드먼, 조우석 역(2008), 『미래의 저널리스트에게』(서울 : 미래M&B), P.217.
   이와 관련하여 저자는 이렇게 말하고 있다. "저널리스트가 다른 무엇보다 중시하는 팩트는 소설가가 으뜸으로 삼는 동기, 즉 모티브와 생각 이상으로 밀접하게 얽혀 있다. 기자가 갖는 취재 정신과 소설가만의 탐구에 대한 열정이 만나는 황금지대가 바로 그곳이다." P.109.

❻ 남경태(2006), 『개념어사전』(파주 : 들녘), P.385.

❼ 움베르토 에코. 이윤기 역(1992), 『장미의 이름 창작노트 』(서울 : 열린책들) P.29. 이와 관련하여 저자는 이렇게 말하고 있다. "나는, 소설 쓰기는 이렇게 시작되는 것이라고 믿는다. 나머지는 씌어지는 과정에서 붙은 살에 지나지 않는다."

❽ 남경태. 전게서. P.94. 이 용어는 우습게도 미학자 진중권과 애국주의 네티즌 사이에서 영화 「D-WAR」를 둘러싸고 전개되었던 '디워 논쟁'으로 유명해졌다. 진중권은 심형래 감독의 영화 「D-WAR」가 미학적으로 심각한 결함을 지녔다는 점을 '데우스 엑스 마키나'란 개념을 빌어 지적했다.

❾ 로버트 맥기, 고영범 · 이승민 역(2002), 『시나리오 어떻게 쓸 것인가』(서울 : 황금가지), P.322.
   3막이론과 관련해서는 한 가지 에피소드가 있다. 첫 직장이었던 곳에서 나는 상사 한 분을 모셨는데, 후에 다시 본업으로 돌아가셨지만, 이분이 원래 꽤나 잘나가던 만화 스토리작가 출신이었다. 그가 한번은 술자리에서 아주 진지한 목소리로 이렇게 말하는 거였다. "내가 말야. 명작의 창작 원리를 알아내리라 결심하고는 집 앞에 텐트를 치고 들어앉은 적이 있었어. 만화책 천 권을 다 읽을 때까지 절대 나오지 않겠다고

선언한 거지." 입산수도도 아니고 웬 텐트? 그것도 고작 집 앞이라니 이게 무슨 뚱딴지같은 소리냐! 하지만 시나리오에 대한 꿈을 지니고 있던 나는 맥주병을 기울여 졸졸 따라주면서 부추겼다. "그게 뭔데 요?" 그러자 득도한 우리 부장님, "텐트 생활 마치고 일주일 만에 나올 때 나는 깨달았어. 그건 바로 3박자의 법칙이었지. 어, 술이 떨어졌 네?" 이분은 또 짝수를 싫어해서 일어설 때 빈 병을 세어서 짝수가 되 면 반드시 한 병을 더 시켜서 홀수를 채워야 "술 한번 잘 마셨다!" 하고 는 그날의 술자리를 파했다. 그러니 술자리는 매번 길어질 수밖에 없었 다. 그러니까 부장님이 일주일의 면벽수련 끝에 얻은 3박자의 원리란 바 로 3막이론의 제3의 전환을 말한 것이었다. 끝날 듯 말 듯 끊임없이 이 어지던 술자리였지만 그래도 창작과 비평을 논하던 즐거운 시절이었다.

⑩ _____ 전게서, P.108.

⑪ _____ 전게서, P.113. 이와 관련하여 저자는 이야기의 설계에 부 과되어 있는 이 구속이 작가의 창의성을 금하는 것이 아니라 오히려 부 추기는 것으로 작용한다고 말한다. 따라서 한계란 절대적으로 중요하 다고 말하며 다음과 같이 설명하고 있다. "이야기 속에서 창조되는 세 계는 그것을 창조한 작가의 정신이 충분히 감쌀 수 있고, 마치 신이 자 신이 창조한 세계를 잘 아는 것과 같을 정도의 깊이와 세밀함을 가질 수 있도록 좁아야 한다."

⑫ 데이비드 하워드, 심산스쿨 역(2007), 『시나리오 마스터』, PP.305∼ 306.
관련하여 로버트 맥기는 "이야기란 서술형으로 이어지는 직접된 정보 가 아니라 의미가 집약된 절정을 향해 관객을 몰아가는 사건들의 설계 를 의미한다."고 말하고 있다. 결말을 향해 달려가는 사건들의 설계 즉, 플롯이야말로 이야기의 핵심이라는 것이다.

⑬ 대표적으로는 자비출판으로 세상에 나와 뉴욕타임스 38주 연속 1위를 차지한 윌리엄 폴 영, 한은경 역(2009)의 『오두막』(서울 : 세계사)의 사례가 있다.

⑭ 강인선(2006), 『힐러리처럼 일하고 콘디처럼 승리하라』(서울 : 웅진씽

크빅), P.120.에서 재인용

⑮ 신영복(2004), 『강의』(파주 : 돌베개), P.130.

⑯ 프랭크 휘트포드, 이대일 역(2000), 『바우하우스』(서울 : 시공사), P.12.

⑰ 고미숙(2004), 『아무도 기획하지 않은 자유』(서울 : 휴머니스트 출판 그룹), P.291.에서 재인용

⑱ 고미숙(2004), 전게서, P.125.에서 재인용

⑲ '지식의 저주'를 벗어나 독자의 뇌리에 달라붙는 메시지를 어떻게 만 들지에 관해서는 히스 형제의 『스틱!』을 찾아서 반드시 마저 읽어보시 기 바란다. 당신을 훌륭한 커뮤니케이터로 만들어 줄 6가지 막강한 도 구를 만나게 될 것이다.

참 고 문 헌 및 자 료

1. 내용(Contents) 설계에 관한 책

김기태(2010), 『글쓰기에서의 표절과 저작권』, 서울 : 한국방송통신대학
    교출판부

김훈(2007), 『남한산성』, 서울 : 도서출판 학고재

남경태(2006), 『개념어사전』, 파주 : 들녘

데이비드 베일즈 · 테드 올랜드, 임경아 역(2006), 『예술가여 무엇이 두려
    운가』, 서울 : 루비박스

데이비드 하워드, 심산스쿨 역(2007), 『시나리오 마스터』, 서울 : 한겨레
    출판

동경대 교양학부, 노기영 외 역(2008), 『교양이란 무엇인가』, 서울 : 한국
    방송통신대학교출판부

딘 R. 쿤츠, 정태원 역(1995), 『베스트셀러 쓰는 법』, 서울 : 도서출판 서
    지원

로널드 B. 토비아스, 김석만 역(1997), 『인간의 마음을 사로잡는 스무 가
    지 플롯』, 서울 : 도서출판 풀빛

로버트 맥기, 고영범 · 이승민 역(2002), 『시나리오 어떻게 쓸 것인가』, 서
    울 : 황금가지

롤프 얀센, 서정환 역(2000), 『드림 소사이어티』, 서울 : 리드리드출판

매튜 프레더릭, 장택수 역(2008), 『건축학교에서 배운 101가지』, 파주 :
    도서출판동녘

미하이 칙센트미하이, 이희재 역(2006), 『몰입의 즐거움』, 서울 : 해냄

새뮤얼 프리드먼, 조우석 역(2008), 『미래의 저널리스트에게』, 서울 : 미
    래M&B

수잔 손택, 이재원 역(2002), 『사진에 관하여』, 서울 : 이후

스튜어트 에이버리 골드, 유영만 역(2006), 『핑』, 서울 : 웅진윙스

스티브 도나휴, 고상숙 역(2005), 『사막을 건너는 여섯 가지 방법』, 서울 :
　　김영사

스티븐 킹, 김진준 역(2002), 『유혹하는 글쓰기』, 서울 : 김영사

신영복(2004), 『강의』, 파주 : 돌베개

아리스토텔레스 외, 천병희 역(1976), 『시학』, 서울 : 문예출판사

알랭 드 보통, 정영목 역(2007), 『행복의 건축』, 파주 : 이레

앤서니 헤인즈, 박원철 역(2005), 『텍스트북 잘 쓰는 법』, 서울 : 웅진교
　　육문화연구소

와시오 켄야, 김성민 역(2005), 『편집이란 어떤 일인가』, 서울 : 한국출판
　　마케팅연구소

움베르토 에코, 이윤기 역(1992), 『장미의 이름 창작노트』, 서울 : 열린책
　　들

──────, 김운찬 역(1994), 『움베르토 에코의 논문 잘 쓰는 방법』, 파주 :
　　열린책들

윌리엄 스트렁크 2세, 김지양·조서연 역(2007), 『영어 글쓰기의 기본』,
　　서울 : 인간희극

윌리엄 진서, 이한중 역(2007), 『글쓰기 생각쓰기』, 파주 : 돌베개

E. H. 카, 김택현 역(1997), 『역사란 무엇인가』, 서울 : 까치글방

이종오(2006), 『문체론』, 파주 : 살림

J.R.R. 톨킨, 김번·김보원·이미애 공역, 『반지의 제왕』, 서울 : 씨앗을
　　뿌리는 사람

진옥섭(2007), 『노름마치 1, 2』, 서울 : 생각의 나무

칼 포퍼, 이한구 역(2006), 『열린사회와 그 적들 I』, 서울 : 민음사

티모시 사마라, 송성재 역(2006), 『그리드를 넘어서』, 파주 : 안그라픽스

피에르 바야르, 김병욱 역(2008), 『읽지 않은 책에 대해 말하는 법』, 서울 :
　　여름언덕

한국문학평론가협회(2006), 『문학비평용어사전(하)』, 서울 : 새미

호아킴 데 포사다 · 엘런 싱어, 김경환 · 정지영 공역(2005), 『마시멜로 이
　　야기』, 서울 : 한국경제신문사

2. 시장(Market) 설계에 관한 책

강인선(2006), 『힐러리처럼 생각하고 콘디처럼 승리하라』, 서울 : 웅진씽
　　크빅

게리 해멀, 이동현 역(2001), 『꿀벌과 게릴라』, 서울 : 세종서적

김경훈(2005), 『트렌드워칭』, 서울 : 한국트렌드연구소

김학원(2009), 『편집자란 무엇인가』, 서울 : 휴머니스트 출판그룹

로버트 루트번스타인 · 미셸 루트번스타인, 박종성 역(2007), 『생각의 탄
　　생』, 서울 : 에코의 서재

로버트 B. 세틀 · 파멜라 L. 알렉, 대홍기획 마케팅컨설팅그룹 역(2003),
　　『소비의 심리학』, 서울 : 세종서적

리처드 와이즈먼, 한창호 역(2008), 『괴짜심리학』, 서울 : 웅진씽크빅

리처드 탈러 · 캐스 선스타인, 안진환 역(2009), 『넛지』, 서울 : 웅진씽크빅

마크 펜 · 키니 잴리슨, 안진환 · 왕수민 역(2008), 『마이크로트렌드』, 서울
　　: 해냄

마티아스 호르크스, 박희라 역(2009), 『미래에 집중하라』, 서울 : 비즈니
　　스북스

말콤 글래드웰, 노정태 역(2009), 『아웃라이어』, 서울 : 김영사

번트 H. 슈미트, 권영설 역(2008), 『빅 싱크 전략』, 서울 : 세종서적

신영복(2004), 『강의』, 파주 : 돌베개

오리 브라프먼 · 로드 벡스트롬, 김현숙 · 김정수 역(2009), 『불가사리와
　　거미』, 서울 : 웅진씽크빅

잭 트라우트 · 앨 리스, 안진환 역(2002), 『포지셔닝』, 서울 : 을유문화사

정서정(2006), 『한밤의 운동장 달리기』, 서울 : 랜덤하우스중앙

조나 레러, 강미경 역(2009), 『탁월한 결정의 비밀』, 고양 : 위즈덤하우스

칩 히스 · 댄 히스, 안진환 · 박슬라 역(2007), 『스틱!』, 서울 : 웅진씽크빅

톰 켈리 · 조너던 리트맨, 이종인 역(2007), 『이노베이터의 10가지 얼굴』,
　　　　서울 : 세종서적

파코 언더힐, 신현승 역(2000), 『쇼핑의 과학』, 서울 : 세종서적

팻 팰런 · 프레드 센, 김광수 역(2008), 『창의력 오렌지』, 서울 : 세종서적

폴 영, 한은경 역(2009), 『오두막』, 서울 : 세계사

폴 크루그먼, 안진환 역(2009), 『불황의 경제학』, 서울 : 세종서적

피터 드러커, 이재규 역(2002), 『Next Society』, 서울 : 한국경제신문사

3. 마음가짐(Mind) 설계에 관한 책

고미숙(2004), 『아무도 기획하지 않은 자유』, 서울 : 휴머니스트 출판그룹

리처드 와이즈먼, 박종하 역(2005), 『왜 나는 눈앞의 고릴라를 못 보았을
　　　　까?』, 서울 : 세종서적

알랭 드 보통, 정영목 역(2009), 『일의 기쁨과 슬픔』, 서울 : 이레

조 비테일, 신현승 역(2007), 『꽂히는 글쓰기』, 서울 : 웅진씽크빅

톰 켈리, 이종인 역(2002), 『유쾌한 이노베이션』, 서울 : 세종서적

프랭크 휘트포드, 이대일 역(2000), 『바우하우스』, 서울 : 시공사